Myśli w czasie

STANISŁAW PYSEK PRUSIŃSKI

Myśli w czasie

Myśli rodzą się w przestrzeni
Wspólnie z czasem w głównej roli
Ale jakie nikt nie zgadnie
Oparte na wolnej woli.

Myśli późne myśli wczesne
Z życia wzięte różnorodne
Humorkiem obdarowywane
Mądre wesołe pogodne.

Myśli w czasie uwierzycie
Są naszym prawdziwym życiem
Doceniają się wzajemnie
Podczas kiedy główka drzemie.

Tęsknota

Wiersze w tęsknocie przesiąknięte deszczem
Jesiennej nocy przepełnionej w grzmotach
Sennego trwania troskliwe wydanie
Rześkiego poranka jest oczekiwaniem.

W lustrzanym odbiciu moim pozostało
Co minęło i drąży w umyśle uwagę
Żałuję że przeszłości przywrócić nie mogę
To co dawno minęło pozostanie z Bogiem.

Nie jestem jedynym z wielu co Świat pokochali
Niezapomniany miast żywioł ukwieconą wioską
We łzach wypłukanych szczerze pozostali
W tęsknocie za moją Ojczyzną Ukochaną Polską.

Radość o poranku

Moim domem są cztery strony Świata
Wraz z duchem co we mnie się budzi
Niewidzialne promyki energii wyzwala
Egzystować na Ziemi pozwala.

Lata lecą z wiatrowym powiewem
Przeplatane wiarą troską i śpiewem
Przeszywane strzałami niepokoju
Dlaczego? Po co? Do boju!

Moje Ja - skrywane coś - to zgadywanka
Odkrywane z radością poranka

Niewiadome przyszłościowe lampasy
Marzeniami usłane życia czasy.

Przyroda

Przyrodo przyjacielu życiowy
Sprawiasz że życie jest piękne i przemiłe
Królujesz na Ziemi od zawsze
Kiedy ja o tym nawet nie śniłem.

Ach lesie szumiący beztrosko
Płacząca wierzbo rosożna
Jabłoni nagrzana na słońcu
Kapliczko przy sośnie przydrożna.

Krocie kwiecia usłanego na łące
Barwami srebrnymi przeplata
Niekończące się leśne drożynki
Chronią ptasie piskliwe rodzinki.

Przyrodo rozkołysana przestrzenna
Pieśni żywe rozkosznie nucisz
Nocką ciemną ksztyne odpoczniesz
Z nastaniem poranka powrócisz.

Natura test

W zgodności z Natury gestem
Teraz jestem
Myślę wspominam i czuję
Naturalnie się testuję.

Test na siłę i mądrości
W imię życia z konieczności

Osobisty i przejrzysty
Prostolinijny i czysty.

Radości wzloty upadki
Test ograniczony w czasie
Życie to darowny gest
Więc do dzieła - tak już jest.

Strach pomyśleć!

Strach pomyśleć o mój Boże!
Że człowiek osiągnąć może
Co tylko wygląda ładnie
I czego dusza zapragnie.

Człowiek stworzył materializm
Tak ogromny ponad miarę
Wszystko niestety nie przetrwa
W pył obraca zmieni w parę.

Pomyśl typowy mądralo
Rządowym jesteś - wszyscy cię chwalą
Robiąc przy tym wiele szumu
A dlaczego? Bo nie mają własnego rozumu.

Niezapomniane chwile

Niezapomniane chwile w Lawrenceville
Osiemnastego października 2020 roku
W niedzielę o godzinie 12:45 się kręci
Dzisiaj nasza Córeczka Joanna
Do Chicago powrócić ma chęci.

Joasia sprawiła się na szósteczkę

Dokładne z niebywałą solidnością
Bardzo się przy tym napracowała
W domeczku aż widnieje jasnością.

Wznosimy toast za Naszych Dziewczyn zdrowie
W górę kieliszki niech nam echo odpowie
Wiwat wino Frontera smakuje Joasi
Mama Tereska na wino Barbera nie grymasi.

Pierogi wcięło

Tak niefortunnie i się zaczęło
To niemożliwe pierogi wcięło
Kupione w sklepie temu godzinę
Jak to zrozumieć by znać przyczynę?

Mama stroskana stoi jak wryta
Gdzie są pierogi? Wkurzona pyta
Ktoś musi przyznać się po dobroci
Jak się nie znajdą ścierką przygrzmoci.

Wygląda na to że to jest sztuczka
Może pierogi połknęła suczka
Dziwne myślenie jak z tym nadążać
Tak bez dowodów psinę obciążać.

Piesek się smuci - straszną ma minę
Skwierczał i kręcił się gdzieś godzinę
Przyznał się wkrótce nieborak drogi
Wszystkiemu tutaj winne pierogi.

Teraz i tutaj

Wpisujemy się we własną historię

W momencie oddechu serca biciem
Każda chwila tutaj i teraz
Jest nowym genialnym odkryciem.

Październik ubarwiony kolorowo
Niestrudzony niezwykle radosny
Listne szlaki we wiatrowym poszumie
W strugach deszczu falują dumnie.

Teraz i tutaj i za każdym razem
Dzielę się w duchu z pięknym krajobrazem
Myślami w konarach drzew szumiących kniei
W pełni wiary radości otuchy i nadziei.

Problem na czasie

Czas nam każe problemy poruszać
Wznosić się w górę i na dół opadać
Może lekarz który leczy pacjenta
Pierwszy powinien sam się przebadać.

Postawić sobie diagnozę
Przepisać stosowne leki
Stanąć w aptece na końcu kolejki
Zatłoczonej miejskiej alejki.

Doktor połknął to co przepisał własnoręcznie
Spojrzał w górę obojętnie
Zrozumiał że popełnił gafę
Niezgodnie z wykonywanym fachem.

Przesyłka

Ktoś miał bardzo dobry zamiar

Czy to mądre jest? Nie sądzę
Żeby zbawić swoją duszę
Wysłał do Nieba pieniądze.

Było tego nawet sporo
Bo aż cztery grube paczki
Przesyłka niestety nie doszła
Ktoś po drodze zgarnął znaczki.

Dochodzenie prowadzone
Ciężko taką kasę przełknąć
Ktoś kto to zrobił w celu własnym
Może w piekle za to beknąć!

Odwrotność

Życie zwykle jest toczone
Od ranka do samiutkiej nocy
W prawą i w lewą i na prostą
To zależy od rozumu
Nigdy od tuszy i wzrostu.

Życie zasuwa do przodu
Od maleńkości do starca
Szkoda że w czasie życia trwania
Masz g... do gadania.

Ale to jeszcze nie wszystko
W życiu się można zadłużyć
I zachorować przewlekle
A raty spłacać już w piekle.

Zaginięcie

Pan zaginął pies go szukał
W piwnicy w lesie na polu
Tak się biedak strasznie zmógł
Nie czuł ogona i nóg.

Zając wnet się sprawą zajął
Sytuacja jest bardzo zła
Odnalazł pana w jeziorze
W którym nie było dna.

Pan przeżył zając ma kłopoty
Znaczy od teraz całkiem przes...
W sądzie ustalono że to tak nie jest
Zając zapłaci bo łże jak pies.

Pierwsze miejsce

Koń na łyżwach i w balecie
Niezłe dziwy wyszły z tego
Ktoś wysłał na ważne zawody
Konia ale garbatego.

Koń podjął się tego ryzyka
Nigdy tego nie żałował
Ktoś do tego się przyczynił
Garb kłonicą wyprostował.

Pierwsze miejsce i nie klapa
Tak się popisała szkapa
Wkrótce odebrała order
Nie pasuje? Stulić mordę!

Zorro

Zorro zawsze chodził w masce
Ta sprawa do głębi porusza
Wojak nikogo się nie bał
Często sikał na wirusa.

Zorro nie trwonił kasiory
Nie narzekał nie udawał
Od nikogo nie pożyczał
Co zarobił to oddawał.

Warto wspomnieć o człowieku
Który żył w odległym wieku
Obecnie niektórych zdziwienie kolebie
Na myśl o wirusie to robią pod siebie!

Odwrotnie

Coś takiego się zdarzyło
To czego nigdy nie było
Ustalili rządowe gbury
Nakaz sadzenia drzew korzeniami do góry.

A nakazy są naglące
Wkurzają się wilki zające i sarny
Oj niedobrze jak to wejdzie!
Efekt będzie zgoła marny.

Co oni tam na górze wyprawiają
Złe można odnieść wrażenie
Nie pomyślał nikt z tych mądrali
Jakie miny mają teraz korzenie.

Połów

Złapał rybak wieloryba
Jak to mogło się wydarzyć?
Złapać to nie jest sztuka
Ale trudniej jest go usmażyć.

Źle się czuje rybak chyba
Czy wieloryb to jest ryba?
Dostał karę na okrętkę
Skonfiskowano też wędkę.

Sprawa szybko się rozniosła
Ale migiem zakończyła
Wieloryb odzyskał wolność
Patelnia się nie zgodziła.

Echa cywilizacji

Cywilizacje przemijają jak dźwięki strun szarpanych
Niczym kolorowe systemy znikające w próżni
Naznaczone orgiami wojennych potwarzy
Potworności ludzkich działań tragedii bez twarzy.

A może o cywilizacji przebiegu wyrazić się dumniej
Zgodnie z prawami Natury rzetelnej rozumnej
W ciszy dźwięku ludzkiej mowy miłosnych natchnieni
Staraliśmy się za wszelką cenę własne losy zmienić.

Co cywilizacja pozwoli ugrać losowej jednostce
Własnego śladu cienie po sobie zostawić
Utrwalić w wyobraźni to co kiedyś było
A może to tylko urojenia - nic się nie zdarzyło?

Działania

Odejmować i dodawać
I ciągle trzeba dokładać
A to jest powodem do dumy
Stwarzają się niezłe sumy.

A nie wszystkim się powodzi
Robol nie wie o co chodzi
Przypadkiem przytuli grosiaczki
Wyśledzą i wsadzą do paczki.

Bogaty sobie poradzi
Zawinie wie co i kiedy
On nie rozumie biedy
I wtedy!

Bez

Kto się jeszcze nie urodził
I na poważnie powiecie
Ciężko pracuje w fabryce
Co produkuje świece.

Do tego siedem dni w tygodniu
Trwa nieprzerwanie robota
Ale coś tu nie pasuje
Nie uwzględniono knota.

Ten kto zaoszczędził na knocie
Nie ma się czym teraz chwalić
Ktoś może kiedyś spróbować
Na jego grobie świeczkę zapalić.

Areszt

Aresztowano pastora
A nie jest mu teraz do śmiechu
Problem jest że na spowiedzi
Nie policzył wszystkich grzechów.

To że nie policzył grzechów
Nie wziął pod uwagę siebie
A na dodatek nie stracił
Za ślub własny nie zapłacił.

To jest po prostu hańba
I kultury brak skończony
Żeby od jednego grzechu
Dopieprzyć podatek od żony!

Nie bój się

Lęk czy banie to jest jedno
Bywa tak niezrozumiałe
Bojący się często bledną
Robiąc przy tym oczy małe.

Proponuję wziąć to do serca
Po prostu kopnąć się w zadek
Delikatnie zwyczajowo
Tak po prostu na wszelki wypadek.

Pod mostem

Mieszkać pod mostem
Mieć dach nad głową
Na wznak wygodnie

To dzisiaj modne.

Czyste powietrze i wielkie łoże
Co cię obchodzi - nie twoje mienie
Za darmo zieleń i świeża woda
A do rozmowy twarde kamienie.

Nie musisz teraz raniutko wstawać
Z byle czego teraz się cieszysz
A co jest w tym najważniejsze
Nie grzeszysz.

Widły z igły

Powinno brzmieć z igły widły
A często bywa odwrotnie
Ktoś raz o tym się przekonał
Ten zawiódł się bezpowrotnie.

Trzeba dużo się napracować
Żeby igłę z wideł zmontować
Problem rozwiązał się cały
Dlatego nitki powstały.

I nowa nowina radosna
Do akcji wkroczyły krosna
Powstały skarpetki i mycki
A szkoda że zakrywane są cycki.

Kiedy zabraknie

Ale się stało! A to dopiero!
Nagle zabrakło bajeru
Sztucznego a nie w naturze

I to rządzącym na górze.

A stało się niepomału
Namiestnik dostał zawału
Nic do dodania i do ukrycia
Trafił do kicia.

To ostatnie to tylko bajer
Poszkodowany to nie jest frajer
Nabył akt zgonu i z tą przyczyną
W pałacu pije najdroższe wino.

Oszołom

Procent to już jest niemały
Procedura trwa w najlepsze
Ktoś próbuje udowodnić
Że zbyteczne jest powietrze.

Nie ma odpowiedzi na to
Zakrywamy buzie szmatą
W końcu rozwiąże się ten problem
Ktoś otrzyma kopa za to.

Oddychając to dowodzisz
Zamiast pomagać to sobie szkodzisz
Wielu niestety ten pomysł chwali
Co za pieniądze rozum sprzedali.

Świętość

Świętość się kojarzy z Niebem
To musi kiedyś się zdarzyć
Ale kiedy? - nie wiadomo

Wyrywkowo po kryjomu.

Będziesz w Niebie a w najgorsze
Jak na Ziemi wydasz forsę
Zasłużysz się pracą ofiarną
A w Niebie jest wszystko za darmo.

Ale trzeba się zadłużyć
Na Niebo muszę zasłużyć
I zbyteczna ziemska praca
W piekle raty trzeba spłacać.

Po mojemu

Powiem żeby uniknąć problemów
Należy żyć po swojemu
Samochodem się nie rozbijać
Za często się nie upijać.

Krajobrazem piękne oczy napawać
Co oszczędzić to oddawać
G... w cacko nie obracać
Kijem rzeki nie zawracać.

Żyć codziennie bez powrotu
Po mojemu bez kłopotów
Nie martwić się o byle co
I to jest to.

Wiara

Sam w siebie wierzę - jest mi przyjemnie
Kto sobie życzy - niech wierzy w co chce
Niech sobie się kłania i bije brawa

To jego sprawa.

Mogę być wzorem lecz kiedy zechcę
Ktoś ma życzenie niech się połechce
W miejsca ukryte niechaj podgląda
Z mojego punktu tak to wygląda.

Biedy nie zaznam - bo co mi po niej
Niech ktoś ją kocha - ja nie potrafię
Naród się wkurzył i dawać przestał
Ten się nie przejął sprzedał parafię.

Zmiany

Świat się zmienia bez przyczyny
Mijają lata tygodnie godziny
Zastanowić się nie zaszkodzi
O co tak naprawdę chodzi.

A co człowiek może zmienić
Można to porównać z zerem
Stworzyć błyski nuklearne
I zadymić atmosferę.

Co się stało nie przewidziano!
Ci co to szaleństwo stworzyli!
Głęboko się pochowali
W bunkrach pod Ziemią ukryli.

Włączyć myślenie

Nam nie potrzeba dymnych wieców
I z gardeł charczenia wydobywać
Rewolucyjnych wznosić haseł

Z kamieniem w ręku patriotę zgrywać.

Na nic się zdadzą te puste hasła
Na transparentach wyryte tuszem
Czy abym żył uczciwie i godnie
O coś? Za kogo? Ja walczyć muszę!

Nim zaciśnięcie pięści w niemocy
Na rychłe udacie się zatracenie
Ślepo poprzecie złudne idee
Ostatni moment - włączcie myślenie.

Ideały

Ideały nie istnieją
Może tylko w wyobraźni
Ale czy to ma znaczenie?
Coś co wprawia nas w zwątpienie.

A może tak chwilę powagi
Odnosząc się poważnie do świata
Ktoś twierdzi że zostanie kopnięty
Gdy zbliży się do konia bez bata.

Jak zostałem ideałem
Nawet o tym nie wiedziałem
Szkoda że za późno- pośmiertnie
Już skóra na plecach nie cierpnie.

Sługa

Chcesz zostać sługą i za niedługo
Komuś na pewno kiedyś się przydasz
Warunek jeden jest do spełnienia

Gdy własne pieniądze wydasz.

Wydałeś kasę - jak się masz?
Leżysz głodny beztrosko na wznak
Nie pomyślałeś łobuzie
Dobrze ci tak.

Wszyscy Tobą teraz gardzą
Nie kłaniają się do pasa
Jesteś dumny bez powodu
I o co to było tyle zachodu?

Strata

Straciła ząbki bezpowrotnie
Bo uśmiechała się odwrotnie
Do lwa co bywał często zły
I odtąd miewa koszmarne sny.

Jak ktoś o zdrowych zmysłach
Co to często w życiu bywa
Może być tak nieostrożny
Dzikiego zwierza podrywa.

I sprawa staje się jasna
Dentysta wkroczył i basta
I biznes się rozhuśtał
Aż koń się z baby uśmiał.

Noc

Noc bywa często ciemna i zła
W przeciwieństwie do pogodnego dnia
Ponoć nocka kiedyś podpadła

I przez to się strachu najadła.

Dzień z nocą pod jednym dachem
Ale co zrobić ze strachem?
Po prostu sprawy odwrócić
Otworzyć drzwi i wyrzucić.

A to całkiem rzeczy zmienia
Wygląda nieźle i cacy
Bo noc służy do odpoczynku
A dzień jak zwykle do pracy.

Pomysł

Ktoś kiedyś pomyślał o niczym
Postanowił dokonać wyczyn
A chciał się tym jeszcze pochwalić
Postanowił się podpalić.

Ale bardzo się przestraszył
W kąciku się raptownie zaszył
Najpierw się spalił
A później ogniem ugasił.

Powstał problem że tak powiem
Spłonęła cała chałupa
A ugaszony od ognia
Beztrosko zalał się w trupa.

Testament

Okropny w zagrodzie był zamęt
Koń wczoraj sporządził testament
Woźnicy dostały się pługi

Do spłaty za owies długi.

Chłop popadł w głęboką zadumę
Rozpłakał się w czas nieskory
Niechcący zalał się rumem
Puściły mu zawory.

Było to latem
Co będzie z batem?

Nie dać

Biedzie się nie dać - trzeba wciąż walczyć!
Najlepiej będzie jej nie dopuścić
Kazać oddalić - jak nie usłucha
To psa groźnego spuścić z łańcucha.

Cieszyć legalnie nawet ze łzami
Bieda odejdzie nie może zostać
A na dodatek zrobić przyjemność
I przez szacunek rózgą wychłostać.

Nikt nie przygarnie marnoty wtedy
Lepiej już wcale niż jak pół biedy.

Zdarzyło się

Kogoś obraził jak się dowiedział
I to w niedzielę raniutko wcześnie
Nie ma pojęcia jak to naprawić
Bo się to jemu przyśniło we śnie.

Grzechem obraza może wyjść bokiem
Może uszkodzić wzrok albo nerki

A więc wprowadzić stan niestabilny
Kogo obchodzi winny niewinny.

Strasznie się martwił i do drzwi pukał
Przepraszał - kajał się - głosił przemowy
W końcu zapukał do drzwi teściowej
Teraz ma (to) z głowy.

Zamiar

Ograniczone myślenie boli
A nie można pofolgować
Trzeba by tak dla przykładu
Coś na dole pomalować.

Namalował czaszkę trupią
Do tej pory jest mu głupio
Więc uciekł na koniec świata
I dalej struga wariata.

Śmieje się tak bez powodu
Ze wschodem słońca aż do zachodu
Wygląda to na przynętę
Ktoś liczy na wczesną rentę.

Pretensje

Pretensje mieć do łysego
Że los go włosów pozbawił
Że ktoś gdzieś umarł za wcześnie
I więcej się nie pojawił.

Pretensje o to na co nie ma wpływu
Tak wielkie że idzie oszaleć

A skutki tego są marne
Bo mózg może do zera zmaleć.

A łysemu wszystko wisi
Włosy stały się niemodne
Wytatuowane glace
I nie musi być inaczej.

Pewność

Pewny siebie to ktoś taki
Brzmi to może trochę dziwnie
Nie wierzy w rodzaj nijaki
Zawsze myśli pozytywnie.

Może przejechać go walec!
Taki z tego się wyliże
Ale nigdy nie odpuści
Gdy go własny pies pogryzie.

Dawać zarabiać pożądać
Na siebie samego liczyć
A może najpierw oddawać
I na procentach się nie przeliczyć.

Bezczelność

Bezczelności skutki widać
Ta wada może przeszkadzać
Nie posiada żadnych grzechów
Więc z czego się będzie spowiadać.

Tu pokuta jest niezbędna
A wykonać by przypadło

Wpadł na pomysł agresywny
I wkręcił członka w imadło!

Udowodnił sobie jak cierpi
Żałuje że mogło być lepiej
Ktoś podesłał mu życzenia
Umrzyj to będziesz miał cieplej.

Będzie lepiej

Będzie lepiej już po wojnie
Która nastąpi niedługo
Może sprawić to pożoga
Liczni pofruną do Nieba.

W każdym siedzi coś dziwnego
A tak na dobrą już sprawę
Głupio na kolanach klęczeć
Bo się można przy tym zmęczyć.

Jak można uniknąć chaosu
I nie nabyć się padaczki
Należy natychmiast zadziałać
Rządzącym utrzeć jadaczki.

Taniec

Taniec zowie się okrętką
Obracanki skłony siupy
To się nawet dobrze składa
A wszystko zależy od d...

Tańczenia są różne gatunki
Wykorzystuje się przy tym trunki

A można się w tańcu pośliznąć
Przewrócić nie zdążyć gwizdnąć.

Na tańcu trzeba się znać
I o własny tyłek bać
Pielęgnować i ubierać
Nie zapominać podcierać.

Problem

Z odchodzeniem bywa różnie
Był koniec będzie początek
Czy to jest jakaś różnica?
Umrzeć we wtorek czy w piątek!

Umrzeć - nie mieć na to chęci
Przed śmiercią pół litra przekręcić
A w ramach typowej pokuty
Wykorzystać ciasne buty.

W dzień powszedni czy w niedzielę
Kiedyś sumienie wybielę
O północy czy na nad ranem
Tak czy tak jest przechlapane!

Emeryt

Emeryt na nasze czasy
Przeważnie jest gościem bez kasy
Czas spędza w chałupie na polu
Z reguły jest pod kontrolą.

A gdy o kontrolach mowa
Dominuje w tym teściowa

Co trzyma nad wszystkim pieczę
Co ma być to nie uciecze.

Do snu układany z przymusu
Zależny od humoru ZUS- u
Nie lęka się choć często się burzy
I nic sobie dobrego nie wróży.

Przyszłość

Na Niebie rozbłysło i huk
Tak bardzo wkurzył się Bóg
Na niektórych już nie ma kary
Źle dzieje się nie do wiary.

Ci co niby prawdę głoszą
Kłamią w oczy molestują
A kto im teraz podskoczy
W pałacach się dobrze czują.

Przygląda się Pan Bóg tej bandzie
I codziennej propagandzie
Na razie nie wydał wyroku
Poczeka do końca roku.

Zero tolerancji

To widać i łatwo odczuć
Takie czasy jakie prawo
Ktoś może legalnie opluć
I dostaje za to brawo.

Polityka rządzi światem
Propaganda jest u szczytu

Co niektórzy nie rozumieją
Biją brawa i pękają z zachwytu.

Osiągnięcie

Obywatel z Madagaskaru
Zmarł z powodu głowy udaru
Jak oglądał wiadomości
Z braku miłości wymiaru.

Na uwagi brak reakcji
Zamknął się i przytakuje
Co mu każą to wypełnia
Chęci do odejścia czuje.

Coś psychicznie w nim urosło
I się stało mimo woli
Zadowolony spokojny
Teraz już go nic nie boli.

Nierówności

Suma sumie jest nierówna
Gdy jest mowa o różnicy
Smutniej będzie umrzeć w ciszy
A weselej na ulicy.

Wolny i nie stoi w korku
Skwerek ma do dyspozycji
Nieczuły na upomnienia
Typowych wezwań policji.

A w przytułku nieodpłatnie
Najedzony w fotelu rozparty

Oglądając wiadomości
W ramach prawa i wolności.

Spór

Czy to jest mądre? Nie sądzę
A to jednak się zdarzyło
Spierali się o pieniądze
Niestety ich jeszcze nie było.

Ktoś nie zarobił a się dorobił
Na ludzkiej krzywdzie nawet i krocie
Ten kto powtarza zwykłe banały
Teoretycznie o prawdzie cnocie.

Każdy bogaty jest na swój sposób
Może w nagrodę czy też za karę
Chcesz coś osiągnąć to się zastanów
Działaj z umiarem.

Prawa do

Można nabyć różne prawa
Do radości i miłości
Nawet sobie palnąć w czapę
I żyć na kocią łapę.

Komu wolno i przystoi
Co jest nagle to po czorcie
Każde wolności nabyte
Z czasem stają się zaborcze.

Wszystko wolno nie zaprzeczę
Zimną wodą się poparzyć

Ale tego nie rozumiem
Co się zdarzyło teraz
A nie powinno się zdarzyć.

Dania

Jadłospis się gdzieś zapodział
Kelner dostał za to w czapę
Zamiast leszcza na gorąco
Zaserwował kocią łapę.

Klient ugryzł kość odważnie
I osunął się pod stoły
Przy okazji ząb wyszczerbił
Zawył i mocno się wnerwił!

Przeprosiny trwały długo
Niefortunnie się skończyło
Bo to co się wydarzyło
To się barmanowi śniło.

Ratuj

Ratuj ciało potem duszę
O sprawach dwóch pogodzenia
Najpierw winno być dzień dobry
A już później do widzenia.

Skąd się wzięło to zdziwienie?
Tak niby na zawołanie
Okazyjne podniecenie
Odpowiedz gdzie jest pytanie.

To zależne od niczego

Po złości czy po dobroci
Może lepiej coś naprawić
A dopiero później sknocić.

Piękno

Położyłem się pod dębem
Z dumą patrzę na konary
Jestem sobą zachwycony
W sejfie forsy mam bez miary.

Wzrok mój krąży po oddali
Za co mi tę kasę dali?
Co ja zrobię z taką forsą?
Wizją miliony mnie gorszą.

Mogę swobodnie marzyć
Nikt mi teraz nie podskoczy
Stało się nie przewidziałem
Ptak mi nasrał między oczy!

Filantropia

Filantropia nadzwyczajna
Bywa często kłopotliwa
Napił się zwyczajnej wody
A teraz odwrotnie się kiwa.

Problem w tym że zimnej wody
Nażłopał się na stojąco
Powinien to zrobić na głowie
Takie rzeczy w plecach mrowie!

Bogaty sam siebie wyróżnia

Stać go na niemałe zbytki
Stągwi wina wielka kuźnia
Wesołości niezłej bitki.

Szanuj przyrodę

Błagam człowiecze szanuj przyrodę
Opanuj się ostatni raz jeszcze
Gdy ostatnie drzewo upadnie
Wtedy wszystko zniszczą kleszcze.

Owady i dziwne stwory
Skryte w lasach do tej pory
Gdy nad sobą ujrzą Niebo
Wyjdą z lasu za potrzebą.

Nagle robi się niefajnie
Trzmiel się zajmie twoim tyłem
Wilk dobierze się do skóry
Deszcz odwrotnie zacznie padać
Oj - co będzie szkoda gadać!

Sankcje

Boże oświeć tę ciemnotę
Wprowadź sankcje na głupotę
Ratuj zlasowane mózgi
Niepokornym wprowadź rózgi.

Ktoś tu nieźle kombinuje
To się widzi duchem czuje
Ktoś zarabia niezłe krocie
Na ciemnocie i głupocie.

Numer

Szeryf numer odpierdzielił
I w konia się kiedyś wcielił
A i tacy się znaleźli
Że go zawieźli do rzeźni.

A podwójnie mądrzy byli
Bo go przedtem zajeździli
Gorzałką poczęstowali
Kwasem siarkowym oblali.

A był to przebiegły cwaniak
Co to nieźle strzelał z łuku
I nieraz go to dziwiło
Skąd to w lesie tyle huku!

Chłop na roli

Wczuwamy się w rolę robola
Zwykłego z fabryki i pola
I nasuwają się wnioski
Dla przykładu gościu z wioski.

Taki przyłóż go do rany
Ogolony wykąpany
Opalony i wyżarty
Obcy mu hazard i karty.

Chłop od rana pole orze
Baba krząta się w oborze
Bimber ciurkiem płynie z rurek
Chałupy pilnuje Burek.

Robotnik

W fabryce są wielkie zgrzyty
Jedna podaż trzy popyty
I ciągłe typowe pretensje
Podatek przewyższa pensje.

W dawnych czasach były plagi
Walczono z nimi do skutku
A na obecne dziś czasy
Zwiększył się popęd do kasy.

Emergency

Do żywego przyjechali
Ratownicy z Sanepidu
W kosmicznych kombinezonach
Każdy z dwumetrową dzidą.

Byłem tam obserwatorem
Udało się uciekłem w porę
Pomimo medycznych gestów
Chory nie wytrzymał testów.

I umarł z korzyścią dla ZUS-u
W ramach chorego luksusu
A wynikło to z niewiedzy
I własnej głupoty przymusu.

Kancelaria Pyska

W biurze autora pisarza Pyska
Ładem i jasnością błyska
Na ścianach cudowne obrazy

Najznakomitszych malarzy.

Między księgami są dzieła Pyska
Zapisanych stronic wiele
Mądrości i zagadki z życia
Prawdy mocnej nie do ukrycia.

Może przyjdą lepsze czasy
Stasio Pysek rzeknie z gestem
Witam pozdrawiam i dziękuję
Cieszę się że z Wami jestem.

Świństwa

Robimy sobie nawzajem świństewka
Takie kasowe często w naturze
Stąd te zawieje i ciągłe wojny
I te straszenia małe i duże.

Kto podziwia bohaterów
Co walczyli za kapuchę
Niech na uspokojenie weźmie pastylek
I podrapie się za uchem.

Na serio

Dzionek nastaje bez zgody naszej
Poranek południe wieczorem w nocy
Służyć pomocą w każdej potrzebie
Spełniać marzenia i wierzyć w siebie.

Dużo się można za dnia nauczyć
Do pracy starać by się nie spóźnić
A najważniejsze żeby nie zwlekać

I gdy przypili na czas wypróżnić.

Mój czas nie pyta i nie próżnuje
Co stać się może na czym zależy
Na nic się zdaje że się buntuje
Do wszystkich Dorosłych Dzieci i Młodzieży.

Skarga

Skarżyło się tłuste prosię
Miało prawo tego chcieć
Że korytko niewygodne
I nie sposób z niego żreć.

Napominam świnio jedna
Nie dość żeś jest niemyśląca
Nie obżeraj się za mocno
Weź przykład z leśnego zająca.

Dokonano wielkiej zmiany
Koryto zamieniono na złote
W środku zero do jedzenia
W zamian prawo do kwiczenia.

Diabelski młyn

Diabeł nie znosi białego
O czarne walczy zaciekle
Stąd z niebem ciągła wojenka
Ba lepiej czort czuje się w piekle.

Ktoś wymyśla ciągle pokuty
Chcesz przyprawią ci podkowy
Jak dorobią się nygusy

Wyjdziesz głodny bosy i kusy.

Mielizna

Czytał co mu napisano
Słuchać tego aż niemiło
Aż przesadził dnia pewnego
Bardzo brzydko się skończyło.

A protesty są na czasie
Czego drzesz się tak grubasie!
Dla kogo ta stara śpiewka się przyda
Wcześniej czy później się wyda.

Wygwizdany - to za mało
Jemu sikać się zachciało
I z trybuny olał tłumy
Niezły to powód do dumy.

Dręczące

Ale problem ludzie mata
Rząd wam zmienił strony świata
To jest niestety dręczące
Na zachodzie wschodzi słońce.

A na wschodzie teraz gaśnie
Południa nie przewidziano
Wnet nastały wielkie waśnie
Północ wybiła jest rano.

Czas idzie w odwrotną stronę
Trochę wszystko pomylone
Słońce już nie wschodzi jasno

Na ziemi zrobiło się ciasno.

Do powiedzenia

Niby nic a ktoś coś zmienia
Nie masz nic do powiedzenia
Obowiązują nakazy!
Obostrzenia i zakazy!

Tortury łamanie na kole!
Dłubanie świdrami w nosie!
Przechodzisz test pozytywnie
W rezultacie - spalenie na stosie!

Cierpliwości

Lubię siebie i dlatego
Wyglądam na cierpliwego
Kocham kwiaty plotę wstążki
Czytam również dobre książki.

Zajmuje się czynnie sportem
W gimnastyce się udzielam
W lesie o nic się martwię
Przed niedźwiedziem nie spierdzielam.

Inne cechy też odsłonię
Wyznam prawdę uwierzycie
Jestem bardzo pracowity
To mój wybór kocham życie.

Dno

Ta sprawa głupio się ma

Stworzono jezioro bez dna
A liczne są tego dowody
Jezioro jest ale bez wody.

To co się stało i inwestycje
Za zgodą tych co się na tym wzbogacą
Co się stanie - jak zasiedlą się ryby
I własnym życiem przypłacą.

Co robić teraz z tym fantem?
W grę wchodzą koszty budowy
Zasypano całe jezioro bez dna
Powietrzem suchą wodą i pytaniami
I czym się tylko da.

Do wycinki

Wszystkie lasy do wycinki
Przechodzi to ludzkie pojęcie
Chcą przerobić na pieniądze
Czy to mądre jest - nie sądzę.

Pieniądze wyprodukowano
I to nawet rychło w czas
Policzyli ile trzeba
I kupili cały las.

Zamieniony w celulozę
Wniosek stąd co człowiek może.

Samo

Zboże samo się nie sieje
Ziemniak z pola sam się nie zbiera

Człowiek gdy się nie urodził
Z reguły też nie umiera.

A więc coś się za tym kryje
Samo życie i fantazje
Wykorzystaj każdą chwilę
Nie żałuj jak masz okazję.

Sam ze sobą się pocałuj
Nie sprzeciwiaj się przyrodzie
Bądź ze sobą zawsze w zgodzie
A nie zawsze hołduj modzie.

Rówieśnicy

Rówieśnicy - ja i mój czas
Kto ważniejszy powiadacie?
Jam ważniejszy bo tu jestem
A czasu mojego nie znacie.

To jest słuszne że tak powiem
Może kiedyś się o tym dowiem
Wtedy wszystko będzie jasne
Czasowo na zawsze i własne.

Ja i mój czas idziemy w parze
Razem gramy na gitarze
Zawsze mamy wspólne zdanie
Jest odpowiedź na pytanie.

Rady

Jak poradzić i ku temu
Dobrze tak sobie samemu

Mówić dobranoc przy spaniu
A jak przeskrobiesz   ty draniu!

Jakby tego było mało
Nie doprowadzaj się do szału
Wybierz się na spacer do lasu
Coś dla siebie   szkoda czasu.

Jeśli życie jest mi miłe
Mówię do siebie rusz tyłek
Jak podpadniesz - wiń się sam
Powiedz sobie - tu się mam.

Stop

Zegarmistrz tak się zniechęcił
Chociaż w tym fachu był mistrzem
Zegar odwrotnie nakręcił
I nie jest już zegarmistrzem.

Celu nie osiągnął w porę
Ogłosił że jest pastorem
Zaczął straszyć czaszką trupią
Myślał że oni to kupią.

Jeszcze gorzej z tej to przyczyny
Odszedł nawet od rodziny
Podobno ma zaniki pamięci
Czy da się ten problem odkręcić?

Uciechy

Ucieszeni są inni z reguły niewinni
Tacy to kiedyś posiądą Niebo

To tacy co po opuszczeni baru
Tak namiętnie całują się z glebą.

Co może zdziałać w alkohol wiara
Wyżłopie taki pysk utrze!
Nie pomyśli że ktoś na niego czeka
O dzisiaj o nocy o jutrze.

Bo ten człowiek po wyjściu z przybytku
Nawet o nogę własną się potknie
A zasłuży na dużą nagrodę
Kiedy Ziemi nosem dotknie.

Za coś

Za coś siedzieć i nie wiedzieć
To wygląda dosyć marnie
Wracasz po czterdziestu latach
Któż ciebie pod dach przygarnie.

Pognębiony w ponurej komnacie
W anclu nieźle powiadacie
Do tego i niby na kacu
Siedzieć a nie wiedzieć za co.

Byłeś winien ktoś wykazał
Ktoś zrujnował Twoje życie
Jak ten bydlak to teraz odbiera
Czy fakt krzywdy do niego dociera!

Stracić

Ludzie którzy głowy tracą
Są z reguły niezamożni

Zmieniają często poglądy
Są płochliwi i ostrożni.

Sami siebie niechaj winią
Zasłużył i został świnią
Walczył na froncie za funty
A teraz odczynia bunty.

Stracić schedę to pół biedy
O co wojowałeś szybko
Gorzej już straciłeś rozum
Już go nie odkupisz rybko.

Drzewo

Pierwsze drzewo było w Raju
W stu procentach owocowe
Wisiały na nim jabłuszka
Smaczne różnokolorowe.

Sytuację zmienił Adam
I nie uszło mu to gładko
To Ewa go namówiła
By skosztował zakazane jabłko.

Nie ma wojny bez oręża
W stu procentach wina węża
A znalazły się dowody
Wąż z szatanem kręcił lody.

Lament

Lament nazywany płaczem
Odwrotnością śmiechu bywa

W jednym i drugim przypadku
Ogromną rolę odgrywa.

Ktoś kto bardzo się stresuje
Dobrego sobie poskąpi
Gdy płaczu nie opanuje
To odpustu nie dostąpi.

Lament kojarzony z bólem
Odczuwany jest boleśnie
Polecam dla zdrowotności
Śmiać się i płakać jednocześnie.

Nasz czas

Nasz byt kojarzony jak sen
I codzienna krzątanina
Czas gra tu rolę bosa
Przelatuje koło nosa.

Życie traktować poważnie
Narzekanie cisnąć precz
Ważne żeby iść z postępem
I nie robić kroków wstecz.

Żyć to być i z powodzeniem
Cieszyć się każdą nową chwilą
Dzielić szczęście together
Na forever.

Na roboczo

Czas musowo się udziela
Krótko mówiąc zapierdziela

Dzisiaj styczeń jutro marzec
Wczoraj maluch dzisiaj starzec.

Kto próbuje z czasem wygrać
Może w końcu się doigrać
I dostać takiego kopa
Czas to przełknie   szkoda chłopa.

Czas to bestia bardzo sprytna
Nie rozgryziesz go bez pół litra
I bez zagrychy na słoninie
On nie pyta   sam przeminie.

Wypsnęło się

Przypadkowo się wypsnęło
Pastorowi słowo płaskie
Kogoś kiedyś to wkurzyło
Trzasnął klechę mocno w maskę!

Pastor stracił własną cnotę
Dorwał żonę parafianina
W końcu wszystko się wydało
Stąd u klechy wstydna mina.

Pastor dziwne że nie oddał
Rozjaśniła mu się maska
I pozdrawia jego żonę
Bo to teraz jego laska.

Spokój

Ze spokojem bywa różnie
Bywa czasem zakłócony

Ktoś pracuje nadgodziny
Gość pilnuje jego żony.

Pilnuje i żeby nie tracić
Pan za wszystko płacić musi
Broń Boże jak to się wyda
Zatłucze a jeszcze udusi.

Na spokojnie pod humorkiem
Nie dać wciągnąć się w pułapkę
Nie musisz odkręcać uszu
Żeby na głowę założyć czapkę.

Nobel

Nagroda jest czegoś wynikiem
Niekoniecznie związana z wynalazkiem
Był przypadek nagrodzony
Zerżnął własny tyłek paskiem.

Bez względu na wielką szkodę
Czyjaś bardzo wielka wina
Nagroda owszem przyjemna
W rezultacie d.. sina.

Zasłużył się w tę i we tę
Ja bym tego nie powiedział
Coś tu jest wymijająco
Zerżnął tyłek na siedząco.

Bać się siebie

Ktoś kto się tak dobrze znał
Samego siebie się bał

I za swoje zdrowie pił
Bywało że ze sobą się bił.

Prześladował własny cień
Sam u siebie kiedyś podpadł
Pomysł był to nieciekawy
Okazyjnie sam się okradł.

Wierzył sobie tak dogłębnie
I podziwiał własną postać
A najgorzej bał się tego
By od siebie w pysk nie dostać.

Pogoda

Pogoda kojarzy się z luzem
Wypić kawę utrzeć buzię
Wyskoczyłeś na ogródek
Patrzysz co to krasnoludek.

Cześć mój drogi krasnoludku
Witamy ciebie w naszym ogródku
Z Tereską robimy porządki
Pomożesz nam wyczyścić grządki.

Nie minęło pół godziny
Na ogródku aż się świeci
Dziękujemy wam krasnale
Do spotkania w karnawale.

Jeż

Dzisiaj na działce spotkałem jeża
Tak się przyglądam i nie dowierzam

W tej samej chwili jak go ujrzałem
Pancerz bez igieł - aż oniemiałem.

Strach mnie obleciał - to trochę dziwne
Więc zapytałem - na płacz się zbiera
I mam odpowiedź - to nie wypadek
Był u fryzjera.

Jeż u fryzjera to niemożliwe
To jest ciekawe niezła sensacja
A co się dziwić - może to prawda
Jak demokracja to demokracja.

Rak i ryba

Rak poderwał rybę chyba
Albo mu się wydawało
Grubą wielką i niemrawą
Z pyska coś jej wystawało.

Rak nie zdawał sobie sprawy
Niefortunnie trafił chyba
A teraz jest zaskoczony
Że wieloryb to też ryba.

Proszę wczuć się w rolę raka
Z tego wyjdzie niezła draka
Korzystniej by było dla raka
Uciec - znaczy dać drapaka!

Kosmos

A w kosmosie luz jak zwykle
Słońce świeci gwiazdy błyszczą

Kosmici fruwają beztrosko
Wygląda to fajnie bosko.

A gdyby ot tak zwyczajnie
Odłożyć trochę kasy
I wykupić chociaż na tydzień
Na księżycu zwykłe wczasy.

Formalności załatwione
Wszystkie miejsca wykupione
A skończyło się na farsie
Lądowanie lecz na Marsie.

Zdarzyło się

Ktoś się kiedyś zamurował
I alkoholu nadużył
Na zagrychę cegłę kupił
I potwornie się zadłużył.

Picie to trudne zajęcie
A w dodatku ciężka praca
Nie dość że wnętrzności płoną
To człeka jeszcze przewraca!

Coś takiego się zdarzyło
Być może nawet niechciane
Nie stać go na porcelanowe
Więc wstawił zęby drewniane.

Kosmita

Próbował kosmitę udawać
A ukończył starty fiaskiem

Mamy smutną niespodziankę
Spotkanie z gorącym piaskiem.

Wstyd to i kawał obciachu
Dwie noce na stromym dachu
Bez jedzenia i kropli wody
Niezłe nad wyraz zawody.

Zapłacił podatek od strachu
Od wysokości i próżni
Do tej pory nie rozumie
Że jest komuś ciągle dłużny.

Cel

Chcesz być carem panem merem
W każdym razie milionerem
Musisz cofnąć się do przeszłości
Tak po prostu z konieczności.

Masz tu wybór - własne cele
Wolne soboty piątki niedziele
Poniedziałki wtorki środy
Korzystaj dopóki jesteś młody.

Wydaje się to może prostsze
Korzystniej zamieszkać pod mostem
Skorzystać z prawa wolności
Nie z wyboru a z pomysłowości.

Deszcz

Deszcz pochodzi od mokradeł
Taka rola mu przypada

A poniekąd to ozdoba
Spadnie gdzie mu się podoba.

Deszcz wywodzi się od chmury
I nigdy nie pada do góry
Posiada same zalety
Ale mokry jest niestety.

A niezbite są dowody
Nie każdy to wie a szkoda
Bratem deszczu jest wiaterek
A mateczką święta woda.

Płeć żeńska

Płeć żeńska - Kobiety
Są piękne i nowoczesne
Uświadomić to trzeba sobie
Na calutkim ziemskim globie.

Bez Kobiet Świat byłby niczym
Z wiadomych życiowych przyczyn
Kobieta jest Boginią Piękności
Do poświęceń i miłości.

Kobiety są bardzo mądre
Szerzą radość i kulturę
To ogromne ma znaczenie
Życie wolność i istnienie.

Złe

Czorcik często protestuje
I udziela się społecznie

Jak popierasz jego pogląd
Nie będziesz czuł się bezpiecznie.

A piekiełko ogniem jarzy
I poniekąd to pokuta
Podpadł ktoś się będzie smażył
Za to że nie umarł w butach.

Jak uchronić się nie podpaść
Ktoś próbował piekło okraść
Z węgla drzewa i z czego się da
To za swoje teraz ma.

Dopóki

Dopóki prawda tli się w duszy
Dopóty to każdy zrozumie
I nie wywołuje stresu
To nie osiągnie sukcesu.

Nie dajmy się wciągnąć w złe sprawy
Mimo że wydają się błahe
Nie wierz w puste obietnice
Połóż na absurdy lachę.

Nie zachwycaj się byle czym
Kłopociki w tyle zostaw
Nie musisz się tak przejmować
Bieda musi pofolgować.

Rozkosze

Rozkoszować się swoim bytem
Zgodnie z własnym przeznaczeniem

Osiągamy górnolotność
Nazywając to zbawieniem.

A zbawienie czy osiągnę
Zgodnie z czyjąś obietnicą
W tym przypadku niemożliwe
Tam pieniądze się nie liczą.

Tak po prawdzie to ktoś ściemnia
Strasząc ognia piekielnością
To nic tak naprawdę nie ma
Związku z dobrem i prawdziwą miłością.

Sprzedał

Sprzedał jeleń całą wioskę
Żalił się raz krasnoludek
Kurną chatę i zabawki
I cały krasnala ogródek.

Lecz się krasnal nabrać nie dał
Pełen żalu i trudności
Duszy swojej nie zaprzedał
I nie wyrzekł się wolności.

A co jeleń na tym zyskał
Czym się tak pochwalić może
Pełen fałszu i zazdrości
Upił się do nieprzytomności.

Błagam

Błagam wszystkich co się boją
A wydaje się w to wątpić

To co jutro się wydarzy
Niczym nie da się zastąpić.

Mogą się pojawić deszcze
Wylęgną się w gniazdach kleszcze
Ale to sprawy nie zmienia
Nie unikniesz przeznaczenia.

Przeznaczenie to jak plaga
Nie prosi nie skamle wymaga
Spełni się bez naszej zgody
Czy człek starszy czy też młody.

Mam za swoje

Samemu do siebie przywyknąć
Nierzadko się można zniechęcić
Sam sobie rady udzielam
Samego siebie nie dręczyć.

Zdarza się to i nierzadko
Ktoś się stłukł na kwaśne jabłko
Bawi się teraz w podchody
Do tej pory kręci lody.

Dręczenie wyborem czasowym
Nie jest zupełnie czymś nowym
Coś co jest wytworem jaźni
I próbuje nas ujarzmić.

Kłótnia kolorów

Pokłóciły się kolory
Dziwnie w sposób nietypowy

O to który jest piękniejszy
I najbardziej przebojowy.

Kolorowo znaczy świetnie
Odzwierciedla się muzycznie
Dużo przy tym też się dzieje
Świat rozwija się pięknieje.

I pomyśleć sprzeczka trwała
Dwa tysiące lat bez mała
W czasie tym krew zalewała
Prawie wszystkie świata strony
Zwyciężył kolor czerwony.

Perswazje

Sam sobie ciągle perswadował
Często się przed sobą chował
Do własnego domu pukał
Na koncie siebie oszukał.

Kiedyś przed sobą uciekał
A tak się potwornie zmógł
Trafił na porę bardzo wietrzną
I zatrzymał się w powietrzu.

A co teraz mu zostało?
Przyciągania ani w ząb
Ino myśli poplątane
I ten ziąb.

Narazić się

To nie lada jest problemem

Narazić się sobie samemu
Ciągle ze sobą się wadzić
I nos w swoje sprawy wsadzić.

To do niego nie pasuje
Z tym to nie jest mu po drodze
Liczył kroki po omacku
Na lewej nie prawej nodze.

Ścigał się ze samym sobą
I zakończył to sukcesem
Nie oglądał się za siebie
A jeszcze przed dżipiesem.

Lista

Grzechy główne to za mało
A lżejszych się też nazbierało
Ale to jest sprawa żadna
Grzechy należą do diabła.

Złe to wytwór naszej jaźni
Żyje w zwykle w wyobraźni
Szuka w sercach naszych winy
Konsekwentnie bez przyczyny.

Ktoś kto o tym się dowiedział
Swoje własne grzechy sprzedał
Po przecenie dla miłości
A uczynił to z grzeczności.

Polityka - niesnaski

Polityczność śliska sprawa

Głupia koślawa niemrawa
Pomówienia i absurdy
Typowe niesnaski i burdy.

Polityczni miłośnicy
Sterują głupimi mózgami
Udzielają się publicznie
Mieląc ostro językami.

Tym co tak górują w sprawie
Dorabiającym się z polityki
Należałoby w nagrodę
Przykrócić w buziakach języki.

Bez sensu

Wąż zamienił się na ogon z kaczką
Zwyczajną typową sprzątaczką
Która bardzo mądra była
Na zamianę się zgodziła.

Kto zyskał na tej zamianie?
Wąż zdechł bez ogona niebawem
A żeby zakończyć tę sprawę
Kaczuszka baluje nad stawem.

Coś tu nie gra w tym temacie
Kombinacja powiadacie
Wąż był całkiem plastikowy
A kaczka ma teraz z głowy.

Tajemnica

Urodził się a jest zdziwiony

Ale wyszły niezłe kwiatki
Okazało się że malec
Jest o rok starszy od matki.

A w eter to wszystko poszło
Wywiązały się dyskusje
I niezwykłe podniecenie
Skąd to dziwne urodzenie.

Nagle wszyscy oniemieli
Sytuacja się wyjaśniła
Na podstawie dokumentów
Matka się nie urodziła.

Pomoc

Gdzieś się komuś przywidziało
A może to tak być musi
I wydaje się pociechą
Spowiadał się z obcych grzechów!

Pastor wyczuł spowiednika
Młodą damę tak niedobrą
Przebaczył jej wszystkie grzechy
Ale w jej domu pod kołdrą.

Szatan często się zamyka
Używając własnej kłódki
W szopie i na szczerym polu
I zawsze po alkoholu.

Maliny

Sam w malinach jak ułomek

A zachciało się poziomek
W środku nocy i grymasy
Że coś go łechce i straszy.

Bój się chłopie i za pługiem
Bo od klaczy się zarazisz
A może od czarnej ziemi
Kończ oranie nim się ściemni.

Ludożercy

Ludożercy to też ludzie
Takie geny posiadają
A od rana do wieczora
Wzajemnie się pożerają.

Teoretycznie jest to fajnie
Na pokaz same miłości
A naprawdę to od środka
Wyrywane są wnętrzności.

Krew jest wysysana zdalnie
Czy to aby jest normalne
I to w dwudziestym pierwszym wieku
Opamiętaj się człowieku.

Oswojenie

Babcia Dziadka rozpieszczała
Siedemdziesiąt lat bez mała
Płaciła za żarcie i wódę
Za grosiki zarobione z trudem.

A Dziadek Babci w nagrodę

Bez przerwy polewał wodę
I podrywał małpy w knajpie
Przykro żal wnętrzności szarpie.

W końcu Babci puściły nerwy
Dziadek poszedł na psy szczekać
Siedzi samotnie w psiej budzie
Co wy na to?   O ludzie!

Nieporządek

Coraz większy jest bałagan
Na ulicach psie kupy
Ktoś ośmielił się powiedzieć
Że to wszystko z winy pupy.

Ktoś powinien to posprzątać
Płacą więc nie robi łaski
Wymyślone są teorie
Że robią to psy bez maski.

A co to wszystko ma znaczyć
W jaki sposób psy ukarać?
Zakneblować psinom pyski
Wszystkiemu winne są zyski.

Nowe projekty

Jest czym dziś zaprzątać głowę
Rząd wprowadza reform kwity
A dekretem ustalono
Zaplombować chcą odbyty.

Od dziś projekt jest do wglądu

Ale nie dotyczy rządu
Ino bezczelnej biedoty
Dlatego są takie kłopoty.

Pomysł jest w rodzaju bomby
A kto zapłaci za plomby
Za każdy osobny tyłek
Rozwiązanie to czy miłe?

Zapomniał

Święty zbeształ wszystkich w Niebie
Pomylił się i wyklął siebie
A zrobił to nieostrożnie
Wydaje się że i bezbożnie.

Wyklął siebie bo miał prawo ku temu
Nawarzył piwa i moce problemów
Tak się z tego wytłumaczył
Własnym piwkiem się uraczył.

A co na to wszyscy święci
Przez szefa bezpodstawnie wyklęci
Za te czyny dobroduszne
Wydaje się to niesłuszne.

Kozak

Kozak fajny jest chłopisko
Mieszka obok Pyska blisko
Ściskają sobie dłonie
Znają się jak łyse konie.

Gwarzą marzą sypią skecze

Walczą na miecze i łuki
Na poważnie biorą życie
Stąd te częste strzało bicie.

Śmigają na jednym wozie
Piją razem mleko kozie
Teraz na emeryturze
Dyskutują o kulturze.

Pani kózka

Pani kózka lubi Józka
Mądry niezłe ma maniery
Często z nim się przekomarza
Pomaga mu robić sery.

Kózka czasem skarci Józka
I za uszka go połechce
Ale musi ciągnąć wózek
Józek czy chce czy nie chce.

Józek kózkę bardzo ceni
Oczkami ku niej zawraca
Razem chodzą na spacery
A po serze nie ma kaca.

Po koziemu

Po koziemu zabrzmi beeee
Łatwo się tego nauczyć
Dlaczego konik porżywa?
Za to krówka lubi muczeć.

Muszę pójść za radą Józka

Przyda się na ranczo kózka
Konik krówka i króliczek
Na zgodę Tereski liczę.

Kupimy więc małą kózkę
Konika krówkę królika
I na ukwieconej łące
Będę razem z nimi brykał.

Na ratunek

W poranek o samym brzasku
Kózki udały się do lasku
A sprawa była nagląca
Odwiedziły chorego zająca.

Witaj nam zajączku drogi
W lesie ciemno bolą nogi
Tak zajączka ucieszyły
Mleczko kozie mu zaparzyły.

Zajączek macha łapkami
Ustąpiła mu gorączka
To mądre kózki sprawiły
I zajączka wyleczyły.

Konik

Konik to mądry zwierzaczek
Porżywa i nigdy nie płacze
Sprawny silny jest jak dąb
Niegroźny mu deszcz i ziąb.

Konik w siną dal uniesie

Czasami na duchu podnosi
A zimą saneczki pociągnie
I z baru od złego odciągnie.

Kupić konia się opłaci
Na koniku się nie traci
Lecz z tresurą nie przeginać
Bo można kopniaka otrzymać.

Kogucik

Był sobie Pan Kogut który
Budził rankiem Panie Kury
Przed kurnikiem gromkim głosem
Zrozumiałe bo był bossem.

Pewnego razu miał urodziny
I pomyliły mu się godziny
Zapiał wieczorem - nie dacie wiary
I do tej pory ma okulary.

Okulary to nie wszystko
Zabronione piwo chłeptać
I musi jeszcze zapłacić
Żeby mógł sobie podeptać.

Baranek

Stało się a tak po prawdzie
I to już z samego ranka
O mały włos nie straciliśmy
Starego mądrego baranka.

Baran Mordka na imprezie

Udzielał się ile wlezie
A stało się z drogi zboczył
I do wilczej jamy wtoczył.

Wilk go ujrzał mimo głodu
Przestraszył się i dał chodu
I nigdy nie wrócił do jamy
Niezłe zakończenie mamy.

Wygląda to

Wygląda to na niezłą farsę
Posprzeczał się Księżyc z Marsem
Prawdą jest i uwierzycie
Kto ważniejszy jest na orbicie.

A czy się teraz coś zmieni
Decyzja zależy od Ziemi
Po której ma stronie stanąć
I jaką pozycję ma zająć.

Ziemia aż zachodzi w głowę
Stracić noce księżycowe
I dzieła swojego dopięła
Za Księżycem się ujęła.

Tradycje niemodne

Tradycje są już niemodne
Co było dawno przestaje się liczyć
Nie zawsze jednak się spełnia
Co możemy sobie życzyć.

A życzeń się nazbierało niemało

To się chce to by się chciało
Pokoju i bezpieczeństwa
Hartu siły dobrobytu i męstwa.

Tradycyjnie niebezpieczne
Stają się niepokoje społeczne
Których to doświadczamy codziennie
Od wielu wieków niezmiennie.

Kłótnie

Gęś ze świnką dziś się sparła
Ale o co było zwarcie
Jeżeli chodzi o świnki
Wiadomo że w grę wchodzi żarcie.

Świnka ma swoje jedzonko
Wylizała dno do gliny
I jak zwykle była głodna
Gęsi zjadła okruszyny.

Tego było już za wiele
Gąsior ujął się za gęsią
Takie manto sprawił śwince
Aż się nogi pod nią trzęsą.

Lew i świnka

Niebywale dziwna sprawa
Lew próbował świnkę udawać
Zaczął cicho cienko kwiczeć
Nie jak zwykle głośno ryczeć.

Udało się zwabił świnkę

Świni to się podobało
Ale nie jest jej do śmiechu
Z kwiku pozostało echo.

To się stało za przyczyną
Ktoś jest obarczony winą
W tym przypadku
                    Lew jest świnią.

Wkurzona mrówka

Wkurzyła się dzisiaj mrówka
Bo jej właśnie pękła stówka
Każdy z nas by się pogniewał
Sto lat nikt jej nie zaśpiewał.

Tyle milionów mrówek
U jednej mrówki podpada
To chyba jednak jest brak szacunku
Może przeprosić mrówkę wypada.

Odtąd ma kłopoty z mową
Dlatego że nie jest królową
A zwyczajną robotnicą
Z kimś takim to się nie liczą.

Dwa miliony

Milionerem być to sztuka
Takiej pracy tylko szukać
I bogatą mieć rodzinę
Dwa miliony na godzinę.

Do tego wolne soboty

Miła obsługa w niedzielę
Podpiszę jakiś papierek
A resztę to po....

Osiem godzin niezła dniówka
W jeden tydzień pękła stówka
Nie oszczędza ma wydatki
Bo wyssał to z mleka matki.

Histeria

Histeria jest namacalna
Obrazuje złe humory
Osobnikowi trenującemu histerię
Często puszczają zawory.

Taki kogoś sponiewiera
Głowę unosi wysoko
A pofolguje dopiero
Kiedy zarobi pod oko.

Histeria drogo kosztuje
Niestety się zdarza nierzadko
A często za kierownicą
Sprzyja poważnym wypadkom.

Szczypawka

Pewien pan do odważnych należał
O wszystkim i o wszystkich wiedział
Góry przemierzał i wody przepływał
A kosmosie często przebywał.

Z powodu zwyczajnej czkawki

Zsunął się w ogródku z huśtawki
Szczypawka go ukąsiła
Odwaga go opuściła.

Winna szczypawka huśtawka przypadek
Odwaga schowana w masce
A może przyciąganie w kosmosie
O losie!

Na Sybirze

Ciągle go parzyło w stopy
Zwiedził kawał Europy
Ameryki i Estonii
Ale od ciepełka stronił.

Może to i nie najbliżej
Wylądował na Sybirze
Na golasa gna po plaży
Teraz w stopy go nie parzy.

To pomyłka czy przypadek?
Osiemdziesiąt lat ma dziadek
Robi tak poważne siupy
Bo plastyki ma od d...

Kocur

Wysportowanym i silnym był kotem
Pierwsze miejsce w rzucie młotem
W biegach trzecie pierwsze drugie
Przegonił nawet papugę.

Nikt by tego nie przewidział

I nie wierzy do tej pory
Jakaś zabłąkana myszka
Wciągnęła chojraka do nory.

Po kocie i po kłopocie
Inwalidzie co nie słyszy
A z drugiej strony to nie zazdrościć
Takiej miłości spragnionej myszy.

Kąpiel

Nie wszystko kończy się fajnie
Kaczka kąpała się w wannie
I prawie się rozpłakała
Biustonosza zapomniała.

Portier aż zawału dostał!
Kelner rózgą się wysmagał!
Przez gołe kaczęce cycki
Niezły tworzy się bałagan!

A w basenie mnóstwo ludzi
Będzie to głupio wyglądać
Ale czy każdy się musi
Za nieswoją d.. oglądać.

Morele

Poleciała na morele
Jakaś zbłąkana owca
To już do niej nie pasuje
Mogła na ziemniaki z kopca.

Pomyślcie i oczy otwórzcie

Morele z samego rana
Nie była to wina owcy
Z pewnością to pomysł barana.

To że barany nie myślą
To jest brane na poważnie
Ale w przypadku moreli
To już komuś się pierdzieli.

Tygrys

Jak urodzić się tygrysem
A urodę mieć po Babci
I najlepiej agresywnym
Nigdy nie zakładać kapci.

Babci to nierzadko zwisa
I nie boi się tygrysa
Chciała lwa
To Dziadka ma.

A najlepsze to jest to
Więc załatwić miejsce w ZOO
I uprawiać w ZOO disco
O wściekłym tygrysie już wszystko.

Podpis

Pan polityk to podpisał
Dla siebie ustawę napisał
Od dziś prawnie może kłamać
I legalnie prawo łamać.

Pracować ale się nie chce

Ktoś z dołu połechce w pięty
Zebrania i konsultacje
I prawie że roczne wakacje.

Dochód panu niezły przyrósł
Nagle się pojawił bat
W ramach prawa z konieczności
Odszedł kłamca znaczy padł.

Ryba i robak

Czy szczęśliwa jest w wodzie ryba?
Nie wiadomo może chyba
Ale jest przeszkoda taka
Z winy zwykłego robaka.

Na niedobre to się składa
A za przyczyną haczyka
Robak służy na przynętę
Dla rybaka niewdzięcznika.

Wczuj się człeku w ryby rolę
Ryba na brzegu rzuca przynętę
Ostry haczyk nozdrza kole
Diabli wzięli twoją rentę.

Nie dajmy się

Ktoś kto stara się jak umie
Szkoda że nie wszystko rozumie
I udziela się niechlubnie
Innymi zaś słowy zgubnie.

Do rozumu się dorasta

Ciągle uczy kombinuje
Najgorsze kiedy ktoś w piórka obrasta
Co inni budują rujnuje!

Zgodnie z przepowiednią starą
Nie dajmy się robić na szaro
Tym od od góry i tym z dołu
Nie słuchajmy kacapołów.

Klaskać

Brawo bić - inaczej klaskać
To z reguły ręce ćwiczyć
Bić brawo to wiedzieć komu
Bo można się często przeliczyć.

Ktoś się na wszystko zgadzał
Brawo bił bo tak kazali
Puścił bąka w pewnej chwili
Tego już nie odpuścili.

Uznali to za profanację
Przedstawili swoje racje
Zarzuty mu postawili
I w imadło go wkręcili.

Sojusze

Lew sojusze zawarł z kotem
Że jeden drugiemu pomoże
Co się będzie działo potem
To uchowaj Święty Boże.

Kot pracuje lew się leni

A do tego robi łaskę
Jeszcze modli się za niego
W międzyczasie robi mu laskę.

Na układy taka rada
Aby wypaść w dobrym celu
Oszczędzać a nie być rozrzutnym
Nie pozwolić grzebać w portfelu.

Zabujać

Zabujać się to inaczej zakochać
Doświadczyła tego myszka
Wychodząc rankiem z ukrycia
Zobaczyła kota Byśka.

Jak poderwać dżentelmena?
Jakiego użyć sposobu?
Zawiodła się na uczuciach
Zabierając tajemnicę do grobu.

Patrząc na to innym wzrokiem
Kocisko był zwykłym ćwokiem
Jak on tak postąpić mógł
Sytuacja zwala z nóg!

Nam

Nam się mówi - hej ziemianie!
Co wam da to narzekanie
Tak naprawdę nic to nie da
Była będzie i jest bieda.

Przez te strajki i protesty

To zgłupieje się do reszty
Któż wam wtedy rękę poda
Prezydent czy pastorzyna.

Nie pomoże lecz wydyma
I łapę trzyma na duszy
A szatan aż łapy zaciera
I z radości zęby suszy.

Kanibale

Wczoraj przeminęło - jutro być może
Może nie dotrwam - chcą mi zabronić
Z losem się gonić - cieszyć się życiem
Znaleźć przyczynę - wsadzić na minę.

Na nic mnie nie stać - serce mi więdnie
Pewnie się wzruszę - wyznać to muszę
Płucnych oddechów - milkną akordy
Jedno mam wyjście - i będę musiał.

Krzywdzącym naród - napluć na mordy
Dać do myślenia - niedużo czasu
Niech zrozumieją - narozrabiali
Kogoś okradnie - jeszcze się chwali.

Papuga i człowiek

Papudze się często zdarza
Po kimś zdania powtarzać
Udzielać się nawet społecznie
Bywa czasem że skutecznie.

Człowiek wzorem jest papugi

Tworzy rzeczy złe bezecne
Wywołuje straszne wojny
Przeciw sobie niebezpieczne.

Jak zachować własną godność
Spokojnej starości dożyć
Najlepiej byłoby pretensje
Na czas po śmierci odłożyć.

Wolni zniewoleni

Wolni w myślach i charakterach
Szkoda że nie całkowicie
Ulegają w pewnym stopniu
Problemom co stwarza życie.

Wszyscy ludzie na tej Ziemi
Wolnością mogą się chwalić
Praktycznie są zniewoleni
Nie wolno im się oddalić.

A to wszystko przez ciężar własny
I w żołądkach mięsa sterty
Mam sposób jak pozbyć się tego
Czekam na poważne oferty.

Przeprosiny

Wilk przeprosić miał owieczkę
A na taki pomysł wpadł
Najpierw kupił jej bukiecik
Rozmyślił się biedaczkę zjadł!

Stało się pomylił strony

Nagle został zastrzelony
Owczym mięskiem nasycony
A czy jest zadowolony?

Przykład wilka mówi sporo
Krzywda we dwie strony działa
Życie walką jest o dzieło
Zakończyło się i zaczęło.

Kontrole

Wolności z dumą się rozprysły
Ktoś nam wchodzi na umysły
Rozumy próbuje wietrzyć
Może czas by to rozpieprzyć!

Poglądowe niedoróbki
Ustawowe przekłamania
Jak się przyjrzeć temu z bliska
Może zemdlić serce ściska.

Słoń

To możliwe i dlatego
Trochę serio więcej żartem
Ponoć słonik dawno temu
Był wspaniałym muzykantem.

Grał na trąbie rokenrola
Na weselach disco-polo
Muzyka była zbyt głośna
Wtedy trąba się rozrosła.

Kiedyś słonik sobie pozwolił

Tak się mocno nabzdryngolił
A wody wypił niemało
Dobrze że dno zostało.

Ulżyć

Czy należy to do nadużyć?
Żeby umarłemu ulżyć
Pomóc na bok się przekręcić
I do rozmowy zachęcić.

Za pokropienie zapłacić
Wszystko co zawinił przebaczyć
Zmówić za niego zdrowaśkę
I za zdrowie wypić flaszkę.

Ale czy to się nieżyjącemu opłaci?
Z pewnością w tym stanie nie straci
Ale stypa drogo kosztuje
Ktoś musi za usługi zapłacić.

Na sucho

Ktoś kto nie dysponuje kapuchą
Wymyślił pływanie na sucho
A gorzej sprawa się ma
W basenie tym nie ma dna.

Coś takiego nietypowe
Niektórzy drapią się w głowę
Pewnie zawarł ktoś z kimś układ
Późną nocą denko ukradł.

Wodą nie można się upić

W żadnym wypadku utopić
Nie wpadnie do nosa czy ucha
Bo woda zwyczajnie jest sucha.

Mistrz

Ktoś udzielał się społecznie
Cenił wolność i niepodległość
Stało się pewnego ranka
Wymyślił mistrzunio odległość.

Ale się zaczęło dziać
Ktoś doniósł wiadomość do rządu
Wtedy ktoś się opamiętał
Nie doszło do samosądu.

Odtąd dotąd centymetry
Za godzinę kilometry
Do południa mile morskie
Niezłą za to zgarnął forsę.

Sensacje i?

Co należy do sensacji?
W roku pierwszy dzień urlopu
Wywołanie wilka z lasu
Skorzystanie z eks-seks-szopu.

A sensacja jest rozrywką
Może również walnąć zdziwko
Nie warto się przekomarzać
Coś głupiego sto razy powtarzać.

Zwyczajnie bujanie w obłokach

Ucieczka przed lwem w podskokach
Obojętnie co by się nie działo
Żeby tylko nie bolało.

Terror

Terrorysta jest osobą
Wkurzysz go to się obrazi
On siebie także nie znosi
I ciągle za sobą łazi.

Terroryzm to poniekąd robota
Nawet nieźle opłacana
Terrorystka gdy jest babą
To działa nierzadko słabo.

Ten człowiek to taka sknera
Ciągle ze sobą się spiera
A kiedy się sobie narazi
Wtedy się wysadzi w powietrze!
W najlepsze.

Proletariat

Dawniej to był proletariat
Zwykłych komunistów granda
A obecnie popiśnięci
Ta sama tylko przechrzczona banda.

Jak rozpoznać piśniętego?
W sklepie klubie kuźni na różańcu
Po odstających uszach
Po koślawych nogach w tańcu.

Rozpasani przodownicy
Chciwość w mózgach im przewraca
Obrabują nieżywego
Wrogość zawiść pycha i taca.

Cebulka

Twierdzą że cebulka to płaczka
Niech tam mówią co kto chce
Dobrze wiedzą że posiada
Dużo witaminy C.

Po cebuli się nie kuli
Tylko człek się robi krzepki
Mózg dojrzewa w miarę szybko
W nogach nie ustają rzepki.

Ci co gardzą witaminą C
A cebulki jeść im się nie chce
Zimno czują pod pierzyną
A i grypa w pięty łechce!

Tam i tu

Tam w przestrzeni są rozkosze
A jak niesie Boska wieść
Wszystko jest na kolorowo
Wystarczy wysoko się wznieść.

Przykład - idziesz za potrzebą
Dookoła las i niebo
Musowo trzeba wytężać wzrok
Ważyć każdy jeden krok.

Jak wysoko jest Niebo nikt nie wie
Interesuje to mnie i ciebie
Sęk tkwi w tym żeby Niebo ujrzeć
Musowo jest wprzódy umrzeć.

Na dobre i na złe

Na dobre i złe - niezłe cuda
Nie każdemu to się uda
A wiadomo o co chodzi
Dobro złemu nie zaszkodzi.

Nikt nie wie kto za tym stoi
Bo dobro się złego boi
Zło jest zmyłką oczywista
Pięćset pożyczy a odda trzysta.

Zło jest hańbą i aferą
To coś jest mniejsze niż zero
Atakuje kogo da się
A jak broni wygina się.

Łysi się łączą

Coraz więcej dziś się słyszy
Utworzono Partię Łysych
A projekt kosztował pięć stów
Łysi w komplecie brakuje głów.

Łysina nie jest problemem
Niejeden już o tym słyszał
To głowa jest temu winna
Zgodziła się to wyłysiał.

Duży problem i na tyle
Świat zatrzymał się na chwilę
Ruszy jak się zejdą łyse
Włosy rosną jak to słyszę.

Kit

Kit posiada dwulicowość
W naszych czasach bywa hitem
Jest formą dobrego bajeru
Okna uszczelniamy kitem.

A bez względu na pogodę
Czy słonecznie czy pochmurnie
W telewizji w rządzie w prasie
Wciskają kit ile da się.

Napracujesz się kolego
Siejesz jęczmień koper żyto
Przyszły deszcze i coś jeszcze
I starania są do kitu.

Prawda o wolność

Prawdą jest że wolności nie ma
Bo poniekąd to jest ściema
Tej właściwej jakiej chcemy
A tego nie rozumiemy.

Wolność to czasowe chwile
Spróbuję zostać motylem
Albo konikiem polnym
I wtedy poczuję się wolnym.

Wolności się nie rozumie
To przychodzi samo z wiekiem
Ale żeby z niej korzystać
Trzeba być jeszcze człowiekiem.

Lud i lód

Lud to człowiek i rodzina
Innymi słowy ziemianie
Wystarczy wymiana literki
Uwaga! A to się stanie.

Coś takiego jak ślizgawka
Nogi w górze przy tym czkawka
Spaść na plecy ból i chłód
Winny lód.

Dotyczy to niestety wszystkich
Brak pracy zjawisko typowe
Głodówka epidemia i chłód
Lipiec a pod stopami lód.

Da się

Ktoś tak twierdzi że się nie da
Egzystować gdy jest bieda
Gdy w portfelu same drobne
Do d.. to jest podobne.

A może to jednak się da
I wszystko się inaczej zakręci
Wziąć się ostro do roboty
Wnet do życia wrócą chęci.

Zaprosić do domu gości
Najlepiej będzie w niedzielę
Przebrać się za pastora
I zbierać na tacę do wora.

Szakale

Szakale inaczej hieny
Tak dużo już o nich wiemy
W dawnych czasach żyły w lasach
A gdzie teraz się dowiemy.

Szakal wciela się w człowieka
Związki ma z politycznością
A nic wspólnego z miłością
Zazwyczaj z bezużytecznością.

Nienawiść i grozę budzi
Pychy nigdy się nie wstydzi
I niszczy porządnych ludzi
A nic w tym dobrego nie widzi.

Zarazić się

Można się zarazić kacem
Od cebuli czy zegarka
I robić kacowe przymiarki
To wszystko zależy od miarki.

Grzechem można się zarazić
W nie swoje sprawy nos wsadzić
Do naga się w kościele rozebrać
I do głowy tego nie brać.

Zarazić się można i grosiwem
To jest bardzo upierdliwe
Ciągle takiemu jest mało
Coraz więcej by się chciało.

Zostać niewolnikiem

Niewolnikiem można zostać
Na głowie worek podarte gacie
Ale proszę nie przesadzać
Mogą obciąć powiadacie.

Mogą dopaść wgryźć się w konto
Dopasować homonto do głowy
Zameldują na Riwierze
Nigdy z długów nie wyleziesz.

Jak nie zostać niewolnikiem?
Obecnie w takim systemie
Włączyć trzeba i od zaraz
Własne racje i myślenie.

Nerwy

Las się wkurzył przestał rosnąć
Tak się stało w jednej chwili
Prawda wkrótce wyszła z worka
Sadzonek nie posadzili.

W zamian zakupili laski
I wielkie druciane kropidła
Czarne kołtuniaste kawki
A przed barami poidła.

Skąd przypuszczenia i gdyby
A grzyby tam większe od sosen
Grzybobranie przy kądzieli
Co jeszcze ten spis odpier...

Uchwały

Uchwała zapadła dziś w Zwisie
Aż trudno jest w to uwierzyć
Komu stoi niech się boi
Jednocześnie musi leżeć.

Prawie idzie się utopić
Ale za co się pokropić
Opodatkowują dzielnie
Jajniki jądra patelnie.

Dużo tego nie do wiary
Nowe struny brak gitary
Atomowe elektrownie
Wszystko zgodnie i umownie.

Szok

Na patelni ryba skwierczy
Nic nie czuje jest po śmierci
Posolona i pocięta
Czuć zapachy - idą święta.

Dobrze tak się delektować
I obgryzać smaczne leszcze
A jeszcze to jest nie wszystko
Drinki przysługują jeszcze.

Ktoś na górze plany zmienił
Rybę zamienił na człowieka
Niech poczuje się jak ryba
Będzie stękał może chyba.

Dlaczego? - czas

Czas czy płynie czy się zmienia
To nie ma żadnego znaczenia
Znaczenie mają obecne reformy
Które wytyczają normy.

Uważajcie goście w pisach
Straszna krecha w życiorysach
Skończy się niedługo bowiem
Kiedyś cierpliwości problem.

Na co liczyć

Umrzeć biednym czy bogatym
Na co w tym przypadku liczyć
Kto chce się przekonać jak korzystniej
Powinien to na sobie przećwiczyć.

Koń za pługiem umarł z długiem
Pan nie zdążył sprzedać pługa
Winnych za to nie doświadczy
Rozpaczała skiba długa.

Biedny kończy życie szybko
Nie ma z czego spłacać długu
Bogaty łatwo się nie podda
Czeka aż mu ktoś dług odda.

Nieporządek

Już za późno na frasunek
Ktoś bardzo się wody opił
Dopiero się zorientował
Że się godzinę temu utopił.

Utopił się na rzecznej miedzy
Na własnej bujanej kładce
W ramach sportowej brawurki
Oglądając w górze chmurki.

Co miał robić jak miał z górki
Chciał zadzwonić - zapomniał komórki
Zwrócił się do wieloryba
Udało mu się może chyba.

Jakby

A może wygodniej by było
Chodzić przodem a do tyłu
A od tyłu iść do przodu
Nie marnować krocznych chodów.

Albo może lepiej stać
Własnego cienia nie lubić
W ogromnym lesie bez drzew
Niechcący przypadkiem się zgubić.

Najpierw sprzątać później brudzić
Przeprosić później marudzić
Zmęczyć się ale przed pracą
Dostać w pysk nie wiedzieć za co.

Zanim

Nim wypowiesz brzydkie zdanie
Przeproś za swoją niezręczność
Sam ze sobą się pocałuj
Zrozum że to jest konieczność.

Ktoś kto zrobi złego grzeszka
Dokładnie powinien się zbadać
Stosować aspirynę
I pozdrawiać co godzinę.

Na problemy przymruż oko
Najpierw lewe później prawe
Ciesz się każdą czasu chwilą
Traktuj życie jak zabawę.

Za

Raz za wolno i za szybko
Robak uciekał przed rybką
Co to wszystko miało znaczyć
Dziwował się nawet haczyk.

Coś tutaj zrobiło się pusto
Z pewnością to groch z fasolą
Gdzie jest problem i przyczyna?
Co z robakiem ten haczyk wyczynia!

Ale rybka zwinna taka
Wkrótce dopadła robaka
Mimo że walczyła dzielnie
Lecz trafiła na patelnię.

Nonsensy

Całe wieki dniem i nocą
Ludzie różne wojny toczą
Wciąż pretensje jakieś mają
A przy tym się zabijają.

Cieszył się że kogoś zabił
On nie winien - to karabin
Na Ziemi jest weteranem
A w piekle ma przerąbane.

A dowody są niezbite
Na płycie cmentarnej wyryte
Weteran wojenny i znaczny
Typowy najemnik kozaczny!

Mówią

Wszyscy mówią dobry piesek
Warczy głośno umie szczekać
I w kolejce po zakupy
Cierpliwie jak wszyscy czeka.

Któż o psinie tak nawija
Toż to kundel zwykły pijak
Odziedziczył to co ludzie
Pan zmarł przy jego budzie!

Ale rankiem dnia pewnego
Wysłany do monopolu
Przepadł z wódką i zagrychą
W domu jest smutno i cicho.

Odznaka

Odznaczony Krzyżem Zasługi
Za milionowe długi
A trzeba by przy tym nadmienić
Krzyż długi się ciągnął po ziemi.

Parada się kończy sukcesem
Wiwatami i oklasków burzą
Na koniu siedzi pierdoła
Wlecze krzyż i tumany kurzu.

To nie koniec tego cyrku
Pierdoła ma dwa pomniki
Których pilnuje psia zgraja
Ale jaja!

Pomyłka

Pomyliła górkę z chmurką
Pewna kózka od Sieradza
Osiołek był tego świadkiem
Zejście na dół jej odradzał.

Zostań kózko na tej chmurce
Nie rezygnuj masz wygody
A jak już zamierzasz skoczyć
Weź w konewkę trochę wody.

Co ma kurka do wyboru?
Honorowo skoczyć z chmurki
Nie usłuchała osiołka
Oj połamała pazurki.

Podtrzymać huk

Wojskowy chcący utrzymać huk
W okopie głową o beton tłukł
Chociaż go bardzo głowa bolała
Wydawał odgłos jak strzały z działa.

A nieprzyjaciel jak myślisz brachu
Tak się głęboko zakopał w piachu
Chociaż pocisków nie było widać
Ale myślenie mogło się przydać.

Wojna wygrana ale na połowę
Wojskowy chorą do dziś ma głowę
A nieprzyjaciel grzmoty na stałe
Byłem tam świadkiem i nie widziałem.

Szukał

Pukał szukał i się modlił
Szkoda że w odwrotną stronę
W końcu dostał informację
Że jego dni są policzone.

Jak z tym żyć - co będzie dalej
Wkurzył się i zaczął maleć
I tak do nieskończoności
Z szacunkiem dla własnej mądrości.

Zamiast się martwić - on to olał
Zapisał się do przedszkola
A i w palnik daje nieraz
Rozumie- co warty jest teraz.

Raz tak

Ktoś się mocno poniewierał
Raz ożywał raz umierał
I nie mógł się zdecydować
W którą stronę ma żałować.

W prawo żałować to przykro
Nie w guście człowieka z ikrą
W lewo robi się gorąco
Więc żałował na stojąco.

Doradzali mu- pomyśl waści
           Użyj od żałości maści
Spadł z komina w trakcie marzeń
Co dalej - to czas pokaże.

Debilno

Debilno to miasto debili
A jest ich teraz aż tylu
Ci sami stwarzają przyczyny
I ciągle szukają zadymy.

Na nic te próby i ściema
W tym mieście zadymy nie ma
A władza jest im przychylna
Tak samo jak oni debilna.

A na zadymy jest moda
Czy ciepło na dworze czy chłód
Najgorsze po takiej zadymie
Zostaje wstyd bieda i smród.

Zaskoczenie

Zaskoczony został bocian
Wczoraj wrócił z ciepłych krajów
Ogląda się dookoła
Co tu niektórzy odpierdzielają.

Na datki już nie to co łaska
Na buziakach dziwne chusty
Cholercia pomyślał bociek
Zdążyłem na zapusty.

Nie każdy

Każdy posiada serce
Chociaż może o tym nie wie
Ktoś taki co ma zajoba
Myśli jak mu się podoba.

Szanuj serce nerki wątrobę
Nie traktuj jako ozdobę
Życie stanie się piękniejsze
Bo to jest najważniejsze.

Wtedy by się zrozumiało
Gdyby serce bić przestało
A odezwała się czkawka
I zaczęła się huśtawka.

Gryzonie

Ktoś należy do gryzoni
Jest zwierzęciem lub człowiekiem
Rolę gra tu uzębienie

Odpowiednie zgodnie z wiekiem.

A jak dbać o ząbki własne
Myć dokładnie po jedzeniu
Starać się w czasie snu nie zgrzytać
Bo biedy sobie można napytać.

A największą jest pociechą
Ząbki najważniejsze w uśmiechu
Uzdrawianie dentystycznie
Na wesoło romantycznie.

Wytrzeźwiałka

Po użyciu alkoholu
Bardzo często włosy bolą
W mózgu powstają luki myślowe
Nierzadko bzdurne i nietypowe.

Alkoholem się raczyć we święto
W najmniejszych ilościach procentów
I jak najczęściej odmawiać sobie
Jak ja to robię.

Jak zapobiec takiej gehennie
I spokój swojej zapewnić duszy
Na wytrzeźwiałkę udać się przed piciem
Do normalności zwyczajnie wrócić.

Kość niezgody

Błagam i proszę zrozumcie ludzie
Co się dzieje na tym świecie
Kończy się ostatnia szansa

Nie skorzystacie umrzecie!

Budujecie jądrowe głowice
I fortece zaporowe
A rezultatem są straszne wojny
Czas niebezpieczny i niespokojny.

Żal rozrywa moje serce
Jestem bardzo przygnębiony
Jak człowiek zabija człowieka
I jest tym jeszcze tak zachwycony.

Weterani

Uczestnicy wojen weterani
Przez szatana do walki wytypowani
Pogrzebani w morderczym szale
Najemnicy krwiopijcy wandale.

Orderami odznaczali was wodzowie
Prawda sama się kiedyś wypowie
I ukaże zdarzenia do tej pory nieznane
Kiedyś Bóg wasze czyny oceni
W tą czy w tą to macie przerąbane.

Olśnienie

Dużo ma do powiedzenia
I często poglądy zmienia
Dorodna panna Milena
Nagle dostała olśnienia.

A wtedy zadrżały jej rzęsy
Ukradkiem w lusterko zerkła

I wtedy Leona ujrzała
Aż skóra na niej ścierpła.

Nie dziwne że ścierpła po temu
Dokładnie osiemdziesiąt lat temu
Nie zjawił się na własny ślub
Nie musiał a dostał w dziób!

Rozmienić

Życie byłoby o wiele prostsze
Lepsze milsze i wygodne
Gdyby forsę której nie ma
Rozmienić na same drobne.

A w drugą stronę te same drobne
Zamienić na grube czy się opłaci?
A może zrobić to jednocześnie
Dobry to pomysł ale przedwcześnie.

Ale co tu jest najgorsze
Gdzie zarobić taką forsę?
A to może mieć znaczenie
W końcu spełni się marzenie.

Czyje?

Czyje są płacze i niepokoje?
Tych co się martwią drapią po glacy
Co zasłużyli się w tej idei
A nie ma komu nosić im tacy.

Ale noszenie nie problem waść
Lecz kto ma teraz na tacę kłaść

Bezdomny nie ma a to dlatego
Chcieli go okraść nie mieli z czego.

Czy musiał podpaść żeby go okraść?
A problem pewnie nigdy nie zniknie
Będzie się długo taki opierał
Ale się zmęczy w końcu przywyknie.

Ktoś

Ktoś kiedyś mocno przeskrobał
Zniknął jak zając w kapusty stogu
Powód nieznany
Może to lepiej i chwała Bogu.

Któż by przewidział i w każdym razie
Ten zaginiony jest na obrazie
Z workiem na plecach robi podboje
Dźwiga skradzione jaja nie swoje.

Obraz obrazem to tylko farba
Farba się pewnie na deszczu zmyje
Kto się podejmie - jak to się stało?
I udowodni jaja są czyje.

Po co?

Dwoić się troić - wić się jak żmija
Wsadzać w nie swoje problemy ryja
Do bezczelności i zakrytą twarzą
Kłamać i pienić się - robić co każą.

Po co i komu i w jakim celu
Pewnie dla jakiejś dużej mamony

Ktoś nie pomyślał i zabolało
I do odstrzału jest przeznaczony.

Nagłe zdarzenie coś się wydało
Nowa ekipa i zadziałało
Stare metody na nowe czasy
W nagrodę trutka i wieczne wczasy.

Na manowce

Nauka schodzi na manowce
Wszystko dziwnie dziś się miesza
Doszło nawet do absurdu
Głupi mądrego pociesza.

Co głupiemu po rozumie
A mądremu po głupocie
Namnożyło się leniwych
A spoconych przy robocie.

Słabości

Człowiek staje się niezdarny
A co tego jest powodem
Lewa noga prze do tyłu
Prawa noga ciągnie przodem.

Ręce w górę nos na kwincie
Nikt już nie myśli o gwincie
I o rdzą pokrytej śrubie
Która niebawem się urwie.

I w praktyce i w teorii
Co często do nas nie dociera

Tak praworządność wygląda
Że jeden drugiego pożera.

Wymagania

Wszyscy mają wymagania
Ziemianie i święci w niebie
Wymagamy to od kogoś
Ale pomijamy siebie.

A dlaczego tak się dzieje?
Skąd się biorą wymagania?
Najpierw chcemy odpowiedzi
Zapominamy pytania.

Można różnie to rozumieć
Twierdzić protestować tworzyć
Lecz pewnych wymagań od siebie
Nie jesteśmy w stanie odłożyć.

Niezłe

Mądry twierdzi że ogień szkodzi
Bo powodem jest gorąco
Głupi mówi że jak umrzeć
To najlepiej na stojąco.

W końcu pojawił się trzeci
O imieniu mądro-głupi
Obydwie tezy obalił
Na stojąco się podpalił!

A gdzie się podział ten czwarty?
Piąty szósty i dziesiąty

Tacy dzielą teraz zyski
Nuklearne tworząc błyski.

Czas

Czas nie ma swojego imienia
Z nieskończoności przybywa
I wcale się nie nazywa
W myślach beztrosko upływa.

Czas istnienia jest limitem
Człowiekowi zwierzętom roślinie
Nie pyta nikogo o zgodę
Ale jak zechce przeminie.

Czas to dobrobyt i bieda
Nie pozwala się zatrzymać czy sprzedać
O nic nie pyta i nie wątpi
On jeden tylko wie - co jutro nastąpi.

Dzicz

Co można uznać za dzicz?
I jakie warunki spełniać
To co jest idiotyczne
Bezmyślnie beztrosko wypełniać.

A dziczy się namnożyło
Że nie sposób tego zliczyć
Od kogoś kto nie ma pieniędzy
Znaleźć sposób żeby pożyczyć.

Co zatem za dziczą się kryje?
Wściekły zwierz co w lesie wyje

Ludzi którzy z Bogiem się nie liczą
Można nazwać niemoralną dziczą.

Proces

Spierał się początek z końcem
O coś co nie istnieje
Czy w próżni obowiązuje prawda?
A wiatru nie ma a wieje.

Czym różni się prawda w próżni?
Od tej ziemskiej szumiącej wiatrem
Skoro tej próżniowej nie doświadczy
W zależności jak się na to patrzy.

Każdy kto ma olej w głowie
Kurę od konia odróżni
Wpierw się trzeba wyspowiadać
A klątwy odłożyć na później.

Sodoma i gomora

Gomora jak wszystkim wiadomo
Jest spokrewniona z sodomą
Bardzo blisko tak po prostu
Bo jest jej rodzoną siostrą.

Społeczeństwa teraz chore
Trudno temu jest zaprzeczyć
Próbują na wszelkie sposoby
Sodomą i gomorą się leczyć.

Kto zwycięży sodoma czy gomora?
A może jednak ktoś trzeci

Ktoś kto nazwy swojej nie posiada
Pętle nowego ładu zakłada.

Po części

Urastają dobrobyty
Ludzie wpadają w zachwyty
Ale niestety po części
Nie wszystkim jednakowo się szczęści.

Czy dobrobyt to nagroda?
Jaką się to miarą mierzy?
Ktoś kto na to zapracował
Czy za darmo się należy?

Ważniejsze i mniejsze kłopoty
Zdarzają się w czasie upływu
Nic na to nie poradzimy
Mimo naszego sprzeciwu.

Przemijanie

Istnieć to znaczy żyć
Ciągle się o to pytamy
Szkoda że nie rozumiemy
Dlaczego przemijamy.

Przemijanie wiąże się z czasem
Bez naszego niestety wpływu
Mimo lęku co narasta
I nieświadomego sprzeciwu.

Przemijamy z każdym gestem
W uderzeniach serca rytmie

Z każdym powieki drgnieniem
W zgodności z przeznaczeniem.

Przypadek

Wyglądało to niewinnie
I wprost nie do uwierzenia
Systemowe przemijanie
Chodziło tu o dorabianie.

Nagle i niespodziewanie
Konik stracił przyciąganie
Czy to może być chorobą?
Odciągnęli go od żłobu.

Strata owsa i fizycznie
Nieposłuszny politycznie
Sprawa pilnie rozpatrzona
Konika zrobiono w konia.

Bieda

Sprawa ta - dotyczy biedy
Okazuje się że kiedyś
Ludzie nigdy nie widzieli
I nie rozumieli biedy.

Biedy w paski prążki kropki
Wijącej się po szarej ziemi
W czasie dnia to niewidocznej
Działającej jak się ściemni.

Jak to się więc mogło stać?
Bieda nagle skądś się wzięła

Objęła tych najuboższych
A bogaczy ominęła.

Musztra

Czas jest wodzem
Dobrze wie że na coś liczy
Zabiera godziny sekundy
Sam ze sobą rozgrywa rundy.

Do czasu się przyzwyczai
Każdy i bez wyjątku
Czas wymaga i buduje
Tyra nigdy nie próżnuje.

Czas jak zwykle nie żartuje
Zatwardziałego przećwiczy
Zrobi co tylko zechce
Że wszystkiego się odechce.

Szelesty

Co zaliczyć do szelestu
Żeby nie zaliczyć wpadki
Wytropić jeża w ogródku
Depcząc kolorowe kwiatki.

Czy korzystniej zrobić kasę
Wybudować bank pod lasem
Gdzie zielone się pomieszczą
A niech tam sobie szeleszczą.

Szelest ważny pogodowo
Widoczny w jesiennej porze

Liście z drzew spadają z gestem
Udzielając się z szelestem.

Pozbawić

Trzeba by się zdecydować
I wymyślić coś po temu
Mądremu rozum odebrać
Podarować go głupiemu.

A to dzieje się naprawdę
W czasie teraz tu obecnym
Mamy opcję niebezpieczną
We wielu przypadkach skuteczną.

To z pewnością się opłaci
I mądry na tym nie straci
A zyska nawet dlatego
Bo był głupszy od głupiego.

Siła

Siła to zjawisko dziwne
Jak najbardziej pozytywne
Ale może być odwrotnie
Ten zrozumie kogo dotknie.

Jest problem i mamy zdarzenie
Pojedynek Dawida z Goliatem
Ten drugi stukrotnie silniejszy
A pożegnał się ze światem.

Siła myśli jest wytworem
Właściwości ma niemało

Niestety nic z tego nie będzie
Gdy się mózgowo nie trenowało.

Odebrać

Może by się w końcu zebrać
Głupiemu siłę odebrać
I z korzyścią dla ludzkości
W ramach zwykłej przejrzystości.

Głupi dorwie się do władzy
On do wojny doprowadzi
W mózgu same puste półki
Skłamie złoży na jaskółki.

A głupota bardzo droga
I przynosi same straty
W ludzkich sercach niepokoje
I wojenne paranoje.

Nuty

Ten ktoś co wymyślił nuty
Nie był wcale w ciemię bity
Przypadek tu zdecydował
Wymyślił a później żałował.

A nuty obsiadły mu pole
W radlinach ciągle muzyka
A w kuchni   od czego uchowaj Boże
Tańczą łyżki widelce i noże.

Odtąd wiele nocy nie spał
Przed oczyma miał fortepian

Do re mi fa so le fa
Jak wymyślił to tak ma.

Marzenia

Jakiś rządowy gagatek
Wprowadził od marzeń podatek
Pięć groszy za jedno marzenie
I wtedy go walnęło zdziwienie.

Nie wolno jest bujać w obłokach
Prywatnie w niedzielę połechtać
I śmiać się bez zgody urzędu
We własne się gacie zes..

I fiaskiem się to zakończyło
Ani jednego marzenia
Wprowadził następny podatek
Tym razem od ogłupienia.

Szkodnik

Że wiewiórka jest szkodnikiem
Kto tak myśli to jest w błędzie
Dotyczy to polityków
I pastora na urzędzie.

Wiewiórka to małe zwierzątko
Harce na drzewie wyczynia
A polityk często gęsto
Zachowuje się jak świnia.

Jak świnia to jeszcze jest mało
Przesadza jak zwykle z gorzałą

A o co najgorzej się boję
Pije za Twoje i Moje.

Baju baju

Raj obowiązuje w dzień
A odwrotnie piekło w nocy
Czyściec jak w kieszeni pusto
I wychodzi groch z kapustą.

A gdy o piekle wspominam
To nawet zaczynam drżeć
Na Ziemi doświadczysz piekła
Gdy nie będziesz miał co żreć.

Życie to niezwykła powieść
Jak się starać prawdy mnożyć
Trzeba dobrze się wysypiać
I do garnka mieć co włożyć.

Lżej

Proszę mieć to na uwadze
Aby zmieścić się na wadze
I wyjść z nadwagi zwycięsko
Proszę ograniczyć mięso.

Tłuste prosię od dziś w nosie
Schabowy może poczekać
W to miejsce płateczki z mleczkiem
Pół literka nigdy beczkę.

Używać w ogródku motyki
Walczyć z bykiem na korridzie

A do tego mieć odwagę
Wtedy zmieścisz się na wadze.

Przejdzie

Lato umknęło jesień goni
Widać jasno jak na dłoni
Dzieje się to w oka mgnienie
Śnieg i Boże Narodzenie.

Śnieżek znikł i wiosna blisko
Zazieleniło się wszystko
Niewidzialnej mocy krok
I mamy kolejny skok w bok.

Wszystko minie szkoda gadać
Zbyteczne przyszłości wymyślać
To co moje teraz i tutaj
Nie umrzeć z głodu i wyspać.

Pęd

Pęd do życia i zguby
Możliwe że do kolejnej rozróby
Do działań wbrew własnej naturze
Odczujesz na własnej skórze.

Prawda to od wieków stara
Jest nagroda będzie kara
Nie od Boga w żadnym razie
Człowiek sam siebie ukarze.

Człecze ciągle się wysilasz
Okropne wojny wymyślasz

W imię Boga i próżności
Stwarzasz strach i bezczelności.

Podobieństwo

Pies podobny jest do człowieka
To nie żadne widzimisię
Kość popija samogonem
A przy tym wachluje ogonem.

Z człowiekiem bywa odwrotnie
Chociaż wydaje się być lepszy
Jak coś próbuje zmieniać
To jeszcze gorzej popieprzy.

Zarąbiście

Śmiał się głośno zarąbiście
Oczywiście nie za darmo
Sto zielonych na godzinę
I dodatek za głupią minę.

Śmiał się się z siebie i do siebie
Bywało że nawet w akordzie
Zdarzało się że nawet we śnie
Nawet jak dostał po m..

W czasie wolnym piał pacierze
Z tacą śmigał na rowerze
Czas się zmienił niefortunnie
W końcu wylądował w g...

Śmieszne

Śmiesznym stać się nie jest sztuką
Więc w cyrku załatwić robotę
Wystarczy do tego celu
Nabyć metalowy młotek.

Jak jesteś sam w garderobie
Na granicy zadania stanąć
I oburęcznie z namysłem
W czoło się młotkiem walnąć.

Teraz poczekać chwilę
Stało się zostałeś motylem
Aż chęć do radości bierze
I śmiejesz się ile wlezie.

Na stałe

Ktoś miał problemy niemałe
Chciał pozostać przy życiu na stałe
A do tego nowocześnie
Z myślą że będzie żył wiecznie.

Sam w siebie wierzył i słuchał
Czuł się napełniony duchem
Myślał zawsze pozytywnie
Po swojemu obiektywnie.

Podczas jazdy na rowerze
Raz nie zauważył Stopa
Ze swoim cieniem się zderzył
Zdążył krzyknąć   szkoda chłopa!

Dość

Bardzo wykształcony gość
Nigdy nie miał wiedzy dość
Miał w rozumie tyle werwy
Zdobywał wiedzę bez przerwy.

Wszystkich i o wszystko pytał
W końcu sam sobie biedy napytał
Wyraził się źle o piorunie
Nie poczekał aż deszcz lunie.

Piorun uwagi nie przełknie
Pieprznąć bez namysłu może
A to wina uczonego
Wiedza już mu nie pomoże.

Nowe wydania

Nastąpiły nowej demokracji wydania
Darmowe obiady kolacje śniadania
Bezpłatne w teatrze loże
Nowa władza wszystko może.

Nowa władza to sensacja
A poniekąd głupio - racja
Puste słowa nic w konkrecie
O portfele walczą przecie.

Ale cieszysz się za wcześnie
To wszystko zdarzyło się we śnie
Ale rachunki płacisz na jawie
Zrobiło się nieciekawie.

Bez problemu

Bez problemu iść do Nieba
Ale przedtem się zasłużyć
Najlepiej wziąć dużą pożyczkę
Bardzo mocno się zadłużyć.

Nie poprzestawać na jednym
Pożyczone rozdać biednym
I nie żałować na tacę
Dobrze mi - nie swoje tracę.

Stało się umarłeś ćwoku
Już nie musisz leczyć kaca
A pieniądze które wisisz
Poświęcający niech spłaca.

Wywiało

Rany boskie a się stało!
To nie jest powód do dumy
Co niektórym teraz w rządzie
Nagle wywiało rozumy.

Rozumy to jeszcze nie wszystko
Ale żeby aż tak sprawy poplątać
Zrobić kupę gdzie popadnie
I miesiąc po sobie nie sprzątać.

Co tam miesiąc lata całe
Zapaćkane życiorysy
Legalnie pod własne ustawy
Rabuje nie widzi nie słyszy.

Sam

Ktoś sam w ucho się ukąsił
Tak po prostu na przynętę
Wkrótce trafił na komisję
Za niedługo dostał rentę.

I zaczęły się balangi
Używanki i potyczki
Renta nie jest komfortowa
A jest pomysł na pożyczki.

Renta niska myśli sobie
Odciął głowę ulgi doznał
Większej renty nie otrzymał
Pan doktor go nie rozpoznał.

Babcia

Aresztowali dziś Babcię
Postawiono jej zarzuty
Wyszła rankiem po zakupy
Odwrotnie wkładając buty.

Coś się Babci pomyliło
Zamiast przodem szła do tyłu
Ale to faktu nie zmienia
Skazana na trzy lata więzienia.

Dziadek tego nie wytrzymał
Gdzie trafiła starsza Babcia
Westchnął jeden raz głęboko
Umarł w kapciach.

Dogonić

Świat z czasem jest za pan brat
Kiedyś ktoś na pomysł wpadł
Po co próżno siły trwonić
Może lepiej czas dogonić.

Spocił się wycierał czółko
Biegał ciągle ale w kółko
Robił skłony skakał kucał
Czas przeleciał stracił płuca.

Z czasem w zgodzie żyć wypada
Broń Boże z czasem się kłócić
Czas jest naszym losu panem
Nie pozwoli się bałamucić.

Dzień i noc

Dzień to nocy brat rodzony
Niestety z ogromną różnicą
Za dnia widzisz jak na dłoni
W nocy szlajasz się z gromnicą.

Za dnia tyrasz na stojąco
Żeby kupić chleba kromkę
W nocy sobie baraszkujesz
Często kończy się potomkiem.

Coś w tym zmienić
Tylko po co?
To jest przecież wszystko jedno
W nocy też się nogi pocą.

Wyjścia

Przylot odloty wyjścia postoje
To nic innego jak niepokoje
Można odlecieć a nie przylecieć
Ugasić ogień zanim rozniecić.

Ktoś się urodził bo wyjścia nie miał
Spojrzał w lusterko nagle oniemiał
Zdumiony włożył aż okulary
Ma koło setki chyba jest stary.

Jakie miał wyjście gromnica w rękę
Dzielnie się słownym udzielił wrzaskiem
Sięgnął po wazon na parapecie
Z braku kropidła poświęcił piaskiem.

Oj zakończyło się wielką szkodą!
Urodził się stary a umarł młodo
Nawet nie zdążył na własny rejestr
Coś by się chciało ale tak nie jest.

Zajączek

Zajączek obudził się rankiem
Zauważył coś przy ruszcie
Nie pomyślał że leśniczy
Pół litra ukrył w kapuście.

Zając tylko na to czekał
Zakradł się pod listki z cicha
Wypił kielicha raz jeden i dwa i trzy
I dalej w kapuście śpi.

Nie popisał się zajączek
I to jeszcze przy odpuście
Przypadkiem go leśnik ustrzelił
A kaca teraz gasi na ruszcie.

W roli

Pies się wcielił w rolę konia
Nie pomyślał może gdyby
Że oranie to nie żarty
Ziemia twarda długie skiby.

Psina ciągnie ledwie dyszy
Płaczą nad nim stare wierzby
Wczuć się teraz w rolę bata
Pług zygzakiem pies nietrzeźwy.

Ktoś zapomniał o rolniku
Który w knajpie zgrywał durnia
Tego nic już nie naprawi
W stu procentach winna Unia!

Bariery

Niejeden zachodzi w głowę
Skąd biorą się bariery myślowe
Rzeczywiste przezroczyste
Nawet twarde betonowe.

Ktoś ma zamiar skoczyć z mostu
Żeby się z problemem zmierzyć
Zanim spadnie z wysokości
Przedtem w barierkę uderzyć.

Kurka

Cicho siedzi i nie gdacze
Przedtem myślała inaczej
Pewna zagubiona kurka
Przypadkiem uciekła z podwórka.

Udała się do fryzjera
Ogoliła się do skóry
Wkurzyła koguta z rana
Nie została podeptana.

Przyznać falstart kogutowi
Że przegapił tę okazję
Ale kurka złotopórka
Zdobyła się na fantazję.

Gąska i bocian

Gąska sparła się z bocianem
Pamięta to do tej pory
Podejrzała raz bociana
Jak z ropuchą uderzał w amory.

Może trochę tak po części
Bocian nie lubi gęsi za bardzo
A zupełnie jest odwrotnie
To żaby bocianem gardzą.

I pomyśleć że w tej sprawie
Prawdy może być po części
Ropuchę to bocian polubi
Nigdy nie poleci na gęsi.

Działo się

Stało to się kiedyś tak
Ktoś się położył na wznak
Długo sobie nie dowierzał
Nie jadł nie spał tylko leżał.

Drzemać z wyłączonym wzrokiem
Patrząc niedbale w dal siną
Nie zamieniając słowa
Z najbliższą sobie rodziną.

Jak tu pomóc tej osobie?
Nic nie robi leży sobie
I nie byłoby problemu
Gdyby nie umarł rok temu.

Ucieczka

Struny uciekły z gitary
Do niczego to podobne
Grał na nich chłopina stary
Do tego melodie żałobne.

Gitara starsza od świata
A muzykant jeszcze starszy
Przykro słuchać i rozpaczać
Żałować ze strachem walczyć.

I miały rację że zwiały
Co patrzeć na starego przytyki
Być całe lata szarpanym
To lepiej nie słuchać muzyki.

Odjąć i...

Ktoś nie może tego pojąć
Jak od zera można odjąć
Pomnożyć dodać i skrócić
Raz się cieszyć a raz smucić.

Zakładamy własne konto
W Chicago być może w Toronto
Piątka z przodu z tyłu zera
Chce się żyć radość rozpiera.

Mam co zechce sami dają
Modne ciuchy i wakacje
Polubiłem własny cień
Nie żałuję nie straciłem - to był sen.

Podziw

Chwalą się ci źli co żyją
Czy ci co już umarli?
I pierwsi i drudzy
To zwyczajni słudzy.

Parę godzin do życia masz
Za grosze niszczysz istnienia
Nie zasłużysz na cienia ślad
Sumienia dymny czad.

Hańba tym co o nie swoje walczyli
Na obczyźnie wynajęci zbóje
Myślę że to tylko w piekle
Takim premia przysługuje.

Dobrze tak mówić jak nie boli
Serce wali w rytmie czacza
Portfel wypchany po brzegi
Grono przyjaciół otacza.

A kiedy lepiej nie mówić
I nie sposób tego ukryć
Już nie boli i jest fajnie
Zasnąć na zawsze zwyczajnie.

I obudzić się przypadkiem
Gdzieś tam gdzie czasu zabrakło
Gdzie nie chce się jeść i pić
I dalej spokojnie być.

Akurat

Uwierzyć w to czego nie widać
Doprawdy jak może się przydać
A do tego jeszcze pożądać
Na coś takie się oglądać.

W systemie myślowym są kruczki
A zdani na myśli łaskę
Podążamy ślepym torem
Za mamonę robiąc laskę.

Wcale martwić się nie muszę
O coś co się jutro stanie
Czy będzie wiało czy lało
Byle tylko nie bolało.

Myśli

Myśli rodzą się czasowo
Wspólnie z czasem w głównej roli
Ale jakie któż to zgadnie
Oparte na wolnej woli.

Myśli późne myśli wczesne
Myśli proste żywe modne
Humorkiem obdarowywane
Z życia wzięte różnorodne.

Myśli w czasie uwierzycie
To jest prawdziwym życiem
Popierają się wzajemnie
Podczas kiedy główka drzemie.

Miotła

Niezłym musiał być artystą
Nie do końca naukowcem
Ale to jeszcze nie wszystko
Ten Pan wynalazł miotłę.

Coś takiego do ch...
Wynalazek w każdym razie
Udowodnił to ów mędrzec
Z miotłą zdjęcie na obrazie.

Odznaczono go medalem
Uczony tak się podniecił
Swoją ciężkość przezwyciężył
Pofrunął na miotle na Księżyc.

Reklamy

Bajer teraz jest na modzie
W telewizji i w kościele
Byle jaki zwykły frajer
Bez przerwy językiem miele.

Bajerować trzeba umieć
Ale mieć się baczności
Nie dotyczy to pastora
W ramach wyższej konieczności.

Ktoś reklamą się podniecił
Aż ciśnienie podskoczyło
Wpadł w tak radosny szał
I naokoło się śmiał.

Przekręty

Coś zostało przekręcone
W teorii i w praktyce nierzadko
Z reguły to bardzo często
Może się zakończyć wpadką.

Przekręty są plagą niestety
A nabrać się na to nietrudno
Wystarczy w coś takie uwierzyć
I wtedy z przekrętem się zmierzyć.

Po cóż więc robić przekręty
I kogoś do tego zachęcać
Może korzystniej by było
Przedtem wszystko poodkręcać.

Moce

Co ukrywają moce?
Potężne grzmoty jasność ciemnice
Miłość i zazdrość czy opieszałość
Być może trwogę przeciętną małość.

Człowiek wciągnięty w doczesne życie
Stwarza zagrożeń efekty nowe
Przeciwko sobie buduje głowice
Nowe programy termojądrowe.

Człowiek ma dużo wspólnego z mocą
Ciężary dźwiga wznosi ramiona
A w polityce to bywa różnie
W teorii mocne - w praktyce próżne.

Czas ucieka

Ktoś twierdzi że czas ucieka
Ba przy tym mocno się wścieka
Ale to jest zwykła ściema
Tak naprawdę to - czasu nie ma.

Czas czy istnieje w naszej przyrodzie?
W kosmosie powietrzu i wodzie
Twierdzenie jest tak bardzo odważne
Czy czas istnieje - tylko w naszej wyobraźni.

Człowiek twierdzi że czas istnieje
A udowodnić pewnie i da się
A więc spróbować wylecieć w kosmos
I się wypróżnić w tym samym czasie.

Nie zwątpić

We wszystko nie można wątpić
A przeważnie jak się ściemni
Dotyczy to całego wszechświata
A między innymi Ziemi.

Co mi pozwoli zrozumieć że jestem?
Oddycham pracuje płaczę
W systemie własnego dążenia
W twierdzeniu tak wiele jest znaczeń.

Zwątpienia przychodzą z wiekiem
Tak mocno że duszą kolebie
Co najważniejsze jest w życiu
To nigdy nie zwątpić w siebie.

Niedoskonałości

Z reguły niedoskonałości
Towarzyszą codzienności
Pojedynczo i grupowo
Bez proporcji i nietypowo.

Niedoskonałości fiasko
W cieniu chwały Boskich blasków
Zgodnie z wieczną przepowiednią
Życie mamy tylko jedno.

Uczestniczę w grze życiowej
Jako zwyczajny posłaniec
Obdarzony codziennością
I własną niedoskonałością.

Nerwy

Konik ciągnął pług bez przerwy
Skiby przewracał z szelestem
Nagle poczuł wodę w uszach
Pomyślał - a gdzie to ja teraz jestem?

Naokoło tak na oko
Nie było aż tak głęboko
A ryby zdziwione się zdaje
Że koń wieloryba udaje.

Szacuneczek konikowi
Roboty wykonał sporo
Chłop pod wpływem alkoholu
I zaorane jezioro.

Gdyby

Gdyby myśli wkręcić w tryby
Zwiększyć obrotową prędkość
Nic takiego się stanie
Świadomość ta sama zostanie.

Myśli mądre i niemądre
Otrzymuje się w promocji
Proponuje przy tych drugich
Wystrzegać się nieznanych emocji.

Fizycznie pokusić się o to
Nie wkładać paluszka w tryby
Wykorzystać siłę woli
I udawać że nie boli.

Zależności czasowe

Przemijamy bezszelestnie
Czy naprawdę coś to zmienia
Żyjąc krócej czy może dłużej
Mamy coś do powiedzenia.

Czas jest bezkompromisowy
Nie wymaga żadnej miary
Ktoś udaje że jest młody
Ale niestety jest już stary.

Jesteśmy zależni od czasu
Wszyscy w jednakowej skali
Teoretycznie wydaje się że wielcy
A w praktyce tacy mali.

Głód

Kto wymyślił taką żywność?
Coś takiego jak powinność
Ten pan miał na imię Głód
Normalny nie jakiś tam cud.

Głód to musieć bez przyczyny
To niestety jest powinność
Coś takiego polecono
Do głosu dochodzi żywność.

Ktoś przypadkiem na to wpadł
Głód to szalonego brat
Każdy słowa te potwierdzi
Nikt na głodnego nie pierdzi.

Mało wiemy

Nikt tej prawdy nie ukryje
Twierdzę prosto i uczciwie
Urodziłem się człowiekiem
Udzielam się pozytywnie.

Kłopotów na co dzień mam sporo
Ale tym się nie przejmuję
Kto wierzy że będzie lepiej
Nigdy tego nie pożałuje.

Mało wiemy a wydaje się że tak dużo
To coś jak grzmoty przed burzą
Przed wiatrem się prądy kołyszą
I kończy się dziwną ciszą.

Nie żałuj

Nie żałuj że nie otrzymałeś nagrody
A ktoś ciebie za ucho pociągnął
Uważaj by przypadkowo
Duch czasu we złe wiry nie wciągnął.

Nie narzekaj że miłością pałasz
Do swojej a nie cudzej kobiety
Nie żałuj że się urodziłeś
A umrzeć kiedyś trzeba niestety.

A żałuj jak dobrze się znasz
Ale wiesz za co żałujesz człecze
Bez twojego udziału niestety
Żałowanie za tobą się wlecze.

Niełatwo

Niełatwo się przed sobą schować
Mądre myśli w głowie zamontować
Być tam gdzie zaszła potrzeba
Wejść po drabinie do Nieba.

Czy łatwo się odnaleźć w życiu?
Śmiać do siebie do rozpuku
Przebaczyć komuś co pałą zdzielił
A dla hecy strzelił w plecy.

A co jest trudne tak
Zastanowić się nad samym sobą
W niedzielę przy lampce sznapsa
Przyłożyć na tyłek klapsa.

Zakazy

Kolejne rozporządzenia
Wprowadzono zakazy myślenia
Od dzisiaj ustawy ostatnie
Karane myślenia prywatne.

Prywatność ktoś twierdzi to zgaga
Zbyt wiele od siebie wymagam
Ktoś lepiej w systemie się czuje
Gdy inny na niego pracuje.

Masz myśleć jak ci tam na górze
Że jaja indycze to kurze
Nie tak jak ci się wydaje
Że słoma nie z butów
A z mózgu wystaje.

Wypad

Taka zwykła szachownica
Ustawione na niej pionki
A miejscami króle damy
O co tak naprawdę gramy.

W życiu zdarza się podobnie
Jestem pionkiem w tym temacie
Ktoś kto w grze tej bierze udział
Nic nie wskóra powiadacie.

Ta gra jak życiowy układ
Zwyciężają damy króle
Zwykłe pionki tak jak zwykle
Kończą bólem.

Ogólnie

Ogólnie to niezła robota
Adoptować na przykład kota
Lwa drapieżnego albo wielbłąda
Tak sytuacja wygląda.

Ktoś adoptując żyrafę
Popełnił niemałą gafę
Żeby nakarmić zwierzaka
Muszę wchodzić na szafę.

Ze słoniem najmniejszy problem
Do żarcia nie trzeba go błagać
A konto należy rozmnożyć
Bo słoń może trąbą przyłożyć.

Mejson

Mejson to kot nie od parady
Nie idzie na żadne układy
Sierść ma lśniącą napuszoną
Mordeczkę zadowoloną.

Mejson po farmie śmiga
Z kózką i zającem się ściga
Asia z Tomaszkiem na farmie
Każdego zwierzaka przygarnie.

Farma duża i przestronna
Jedzenia jest pod dostatkiem
A zwierzaczki się starają
Bałagan po sobie sprzątają.

Obawy

W myślach rodzą się obawy
O następujące sprawy
Ktoś może rościć pretensję
Kierownik obniżył mu pensję.

Pretensje są bezzasadne
To się słyszy widzi czuje
Etatu takiego nie ma
Ktoś tu ostro kombinuje.

Czego jeszcze się obawiać?
Zanim zacząć lepiej przestać
Niewskazane i bez sensu
Niefortunnie w majtki zes...

Potop

Noe nie miał innego wyjścia
Z deszczem nie mógł się dogadać
Postanowił zbudować Arkę
Bo deszcz przesadnie padał.

Ludzi się nagromadziło
Narobili tumultu i szumu
Niektórzy pukali się w głowy
Życzyli Noemu rozumu.

Inwestycja się opłaciła
Niezbite są tego dowody
Noe o tym często wspomina
Choć już nie jest taki młody.

Zerowy wynalazek

Pewien uczony przed naszą erą
W czasie badania wymyślił zero
Sam przypadkowo kiedyś wygadał
Nie miał problemu - nic nie posiadał.

Pan naukowiec pracą ofiarną
Ten się udzielał wszystkim za darmo
Ale się stało - za to się wścieka
Kiedyś zamówił dwie skrzynki Lecha.

Nasz gość spróbował piwnego trunku
Dojrzał cyferki z przodu rachunku
Jedynka dwójka razem piętnaście
Jaką miał minę to wyobraźcie!

Do ideału

Kto chce dorosnąć do ideału
Musi to robić bardzo dokładnie
A na dodatek również powoli
W przeciwnym razie się wy...

Idealnie się uśmiechać
A wszelkich pretensji zaniechać
Śpiewać głośno dbać o siebie
Broń Boże gniewać na siebie.

Być ideałem z jednej wypłaty
Może wyglądać trochę kusowo
A na dodatek spłacać kredyty
I się uśmiechać na kolorowo.

Przebaczenie

Sprawy ujemną przybrały stronę
Diabeł skosztował jabłko święcone
A niefortunnie i tak się stało
Czarta zwyczajnie zablokowało.

Ani do przodu ani do tyłu
Mota się się czarny ogonem trzepie
Ktoś mu przebaczył jego występki
Obiecał Niebo - tam będzie lepiej.

Niebo powinno złemu wystarczyć
Nie musieć tyrać chodzić do szkoły
Ale się sparzył udając zucha
Był w samym Niebie ale bez ducha.

Trudny czas

Tęga zima czarny strach
Sypie śnieg hula wiatr droga śliska
Rycerz wraca z wojny zmęczony
Z nadzieją że spokój odzyska.

Ziąb się wzmaga i noc przybliża
Ostatnie zimowego dnia podrygi
Nagle z gąszcza stromego urwiska
Na ścieżynce pojawiły się tygrysy.

Koń się spłoszył i stanął dęba
Z lewej strony ukazał się lew
Z prawej lampart i żarłoczne hieny
Rozgrywają się dantejskie sceny.

Rycerz Pysek parł do przodu i wstecz
Dobył z pochwy obosieczny miecz
Bestie atakowały wściekle
Długo bronił się zaciekle.

Krew polała się strumieniem
Lew lampart tygrysy i hieny
Brocząc we krwi padły na ziemię
Rycerz Pysek okazał się zwycięzcą
I jako ostatni opuścił arenę.

Czarodziej

Nostradamus był jasnowidzem
A i niezłym czarodziejem
Wytropił rodzoną Babcię

Jak ją ukradli złodzieje.

By powtórnie nie ukradli
Zdziałał jeszcze lepszą kruczkę
Zamienił Babunię na Wnuczkę
Potęgując dziwną sztuczkę.

Lecz nie przewidział podpuchy
Musi prać Babcine pieluchy
Co z reguły często bywa
Bez chmielu nawarzył piwa.

Nawiedzeni

Co niektórzy nawiedzeni
Wymyślają nowe triki
Można tańczyć nawet w poście
W nagrodę lecz bez muzyki.

Można nawet ulgi doznać
Choć to może nie wypada
Okraść sklepik jubilerski
Złapią złożyć na sąsiada.

Nawiedzeni utrudzeni
Boją się własnego cienia
Bywa tak że krzyżem leżą
A dlaczego? Z czym się mierzą?

Pomyłka

W niedzielę było wesele
Tańczyli śpiewali i jedli
W poniedziałek się pokłócili

A we wtorek się rozwiedli.

Rozwody przyczyny nieznośne
Przeważnie zawody miłosne
Być może sprzeczki i wóda
Spróbować a przetrwać się uda.

A byli to dorośli ludzie
I szczęście mieli przed sobą
Może to jest nawet wyjście
Bo mają już przeszłość za sobą.

Walentynki

Czternasty Luty nie bez przyczyny
Święty Walenty cenił dziewczyny
Podobno młody był i bogaty
I stać go było na piękne kwiaty.

Więc wznieśmy toast z tej okazji
Za zdrowie naszych Pań i Panów
Za zakochane pary
                          Sto sto sto lat sto lat
Głośnej muzyki fanfary.

Szykuje się

Coś niechybnie się szykuje
Jakaś niebywała heca
W żołądku głośne burczenie
Mrowienie chłodne po plecach.

Mówiłem sobie   nie idź na grzyby
        I to jeszcze o północy

W lasku ciemno nieprzyjemno
Może z jamy wilk wyskoczyć.

I obawy się sprawdziły
Omal że straciłem wszystko
Poczułem się bardzo zmęczony
Zdrzemnąłem się na mrowisku.

Przed nieznanym

Kto wyrządza krzywdy z ludem się nie liczy
Dokonuje przewrotów i zmyślenia rzeźbi
Kształtuje w ciemnościach niby sprawiedliwość
W ramach okrutnych działań własne zbiera żniwo.

Ziemia zachwiana w posadach
Wciąż czegoś się lęka
Człowiek karmiony fałszem
Przed nieznanym klęka.

A wielcy tego świata
Dosłownie uznali
Jakich cudów i pożytku
Oni dokonali.

Do starszego pokolenia

Uwaga! Emeryci renciści
Wszyscy co we wieku podeszli
I zdrowi i niedołężni
Co w życiu tak wiele przeszli.

W obecnie tworzonym systemie
Jest wiele nietypowych zagadek

A więc miejcie się na baczności
Nie pozwólcie się kopnąć w zadek.

Bo era dzisiejsza to ma
Nie dajcie się zepchnąć do dna
Pokazać palec wskazujący tym
A słowa zamienić w czyn.

Pojednanie

Kosmos pojednany z Ziemią
Wydaje się że wiemy o nim wszystko
Nagle wybuchła afera
Ktoś z Kosmosu zbombardował mrowisko.

Temu co wydał rozkaz
Nawet go za to odznaczą
A kogo to teraz obchodzi
Że mrówko - ludzie życiem zapłacą.

Ktoś twierdzi i na poważnie
Że z Kosmosu to się stało
To ktoś taki co dawno umarł
Albo mu się ubzdurało.

Marzec w akcji

Luty wczoraj abdykował
Pierwszy marzec wszedł do akcji
Dzień powoli się wydłuża
Nocka wcześniej oczka zmruża.

A słoneczko świeci jaśniej
Ciepłem jarzy barwy zmienia

Krajobraz wygląda różowo
Niczym w Baśni Andersena.

Właśnie kto za Andersenem
Rączki w górę prawie wszyscy
Krajobrazy takie same
Dodatkowo w trawie piszczy.

Patriotyzm

Patriotyzm o którym mowa
Nie poparte czynem tylko puste słowa
Wypowiadane bezładnie
Bez pokrycia i przesadnie.

Patriotyzm uważany jak cud
Stoi za tym prosty lud
Idzie za nim wielki gniew
I leje się przy tym krew.

Historia to zapisała
Wystarczy że trzeźwo się patrzy
W dawnych lat przeminionych
Nie byli patriotami zdrajcy.

Czy znajdziemy?

Czy znajdziemy się w krainie luksusu?
Wypłyniemy z życiowego matrixu
Osiągniemy duchowe korzyści
Czy to naprawdę się kiedyś ziści?

To co ziemskie wydaje się namacalne
Życie w ciele jak najbardziej realne

Zamieni się w prostsze i dojrzałe
Prawdziwie duchowo doskonałe.

A kto wie gdy znajdziemy się tam
Realnie jak typowy widz
Zrozumiemy że to życie ziemskie polowe
Było śmieszne na niby bajkowe.

Trzeci Marzec

Trzeci marzec ale miło
Śnieżek prawie rozpuściło
Słoneczko zza chmurek spoziera
Ciepełkiem poranka udziela.

Wiosenka i piękna pogoda
Co prawda że zimy też szkoda
Co troszkę mroziła w uszęta
A kto to już teraz pamięta.

Na całym świecie jest środa
Wiosenna w całości do wzięcia
Obowiązków sterta spora
Do zobaczenia do wieczora.

Święto Kobiet

Poniedziałkowy niezwykły poranek
8 - Marca zawitał zwycięsko
Gorąco zaprasza na calutkim globie
Wszystkim wiadomo   Płeć Żeńską.

W Dniu Waszego Święta 8 - Marca 2021 roku
A żeby tę prawdę rozmnożyć

Pragniemy Wam Nasze Piękne Kobiety
Serdeczne życzenia złożyć.

Życzymy spełnienia najskrytszych marzeń
Wolności istnienia wszystkiego co sobie życzycie
Nasze Urocze i Drogie Panie
Na zawołanie bukiety czerwonych róż
Teraz i na zawsze już.

8 Marzec Święto Kobiet

8 Marzec Święto Kobiet
I maleńkich i dorosłych
Piękna pogoda jak zwykle
Dzieli nas kroczek do wiosny.

Kroczek mały Bogu dzięki
Wiosno wiosenko wiosneczko
Dodaj otuchy w sercach radości
W duchu miłości i szczęśliwości.

Z tej okazji składamy w podzięce
Bukiety kwiatów na Kobiece Ręce
Życzymy Zdrowia Szczęścia i Pomyślności
I tak do nieskończoności.

Dzień Mężczyzny

Dzień jak marzenie 10 marzec 2020 rok
Na wesoło z piękną pogodą
Mężczyźni na całym świecie
Dzisiaj swoje święto obchodzą.

Niemalże i w jednej chwili

Panowie postanowili
Od dzisiaj przestają palić
Musimy tę decyzję pochwalić.

Dużo zdrowia z Okazji Dnia Mężczyzny
Od małego do siwizny
Życzą Panienki i Panie
Jednym chórem nowym wydaniem.

Dwie strony

Teoria i praktyka
A w środku pustostany
Często w coś nie wierzymy
Jak nie doświadczymy tego sami.

Teoretycznie to się kochamy
Praktycznie tego nie widać
Trzeba by się zastanowić
Nad tym co się może przydać.

W teorii osiągnę zaszczyty
Mam to uknute w głowie
Praktycznie jestem robolem
I tyram na budowie.

Myśli o czymś

W głowie rodzą się myśli różnego pokroju
Od euforii do zwykłych niepokojów
Wino bardzo smakowało
Szkoda że dzban był pusty.

Wygląda na to że w główce

Zabrakło tylko kapusty
A dzban był gliniany ba
A szkoda bo bez dna.

Myślenie się pojawia często
A tak na dobrą sprawę
Najlepiej w wolne soboty
I to jest najbardziej ciekawe.

Bez i bez

Bez czucia nie ma uczucia
A bez zaczepki draki
Zanim dopadnie mnie milion
Muszę kupić wszystkie zdrapki.

A trzeba wziąć pod uwagę
Płace są niskie i renty
Pożyczka też w grę wchodzi
Uwaga! Na procenty.

Bez miliona będzie ciężko
Co niektórzy myśli snują
Najgorzej jeśli nie trafisz szóstki
A przyjdą i obrabują.

Udzielać się

Jak udzielać się w biznesie
Czekać aż zakwitną jabłonie
Zainwestować pieniądze w ziemi
I poczekać aż się ściemni.

A może obiecać sobie na wierzbie morele

Przez dwie kolejne niedziele nie wątpić
Coś co miało się zdarzyć
Może ale nie musi nastąpić.

W biznesie dobrze się spełnisz
Gdy spełnisz wolę małżonki
Ale gdy spełnisz swoje marzenia
To całkiem sprawy odmienia.

Niesłychane

Piekło staje się coraz droższe
Ceny sięgają zenitu
A to dlatego że na Ziemi
Coraz więcej jest dobrobytu.

Węgiel w piekle jest przeżytkiem
Co widać na niejednym przekazie
Z ciepłem może być i względnie
Lecz od gazu dusza więdnie.

Jak wybrać to lepiej Niebo
Powoli nie tak od razu
Tam nie ma kwarantanny
I nie testują wymazów.

Ukojenie

Ukojenie po wypłacie
Wypić flaszkę powiadacie
I odespać gdzieś na stronie
Jak to wytłumaczyć żonie?

Nie zrozumie płeć przeciwna

Zamrożony mąż przy słupie
I za pijaństwo przeprasza
A glebę łezkami urasza.

A jak to dotknie chrześcijanina
Ten klęczy na schodach w parafii
Przez cały tydzień od rana
I liczy że cud się przytrafi.

Szczęście

Wspomina się coraz częściej
O kimś kto wymyślił szczęście
To coś co jest walką o dzieło
I od tego się zaczęło.

Zaczęło i co dalej się dzieje
Szczęście to zadanie trudne
A kto podał to do wiadomości
Zmarł z poczucia własnej wartości.

Wszystkich to powinno obchodzić
Do szczęścia się trzeba urodzić
A jeszcze umieć to szczęście rozdawać
Czy tak się może tylko wydawać.

Lepiej mieć

Mieć czy nie mieć
W czym wybierać?
Żyć jak najrzadziej umierać
Do roboty się ubierać.

A do spania się rozbierać

Nie pozwolić sponiewierać
Mieć swój własny smak
Czekać na znak.

Nie śmiać się a suszyć zęby
Nie wypuszczać pary z gęby
I nie zatrzymywać stolca
Starać się unikać pierdolca.

Nie musi

Być czy nie być - jak korzystać
Żyć udzielać się społecznie
Ktoś nas może prześladować
I nie czujesz się bezpiecznie.

Nie muszę się czegoś i kogoś bać
Sprawę sobie z tego trzeba zdać
Własnej osobie
Czyli samemu sobie.

Ale swoje trzeba przeżyć
Skoro zostałem stworzony
I jeszcze żyję na krechę
A ktoś jest tym zaskoczony.

Wybór

O co się spierać i w czym wybierać
To nie jest zwykłą sprawą honoru
Można to sobie w mig uświadomić
Że w niczym nie mamy wyboru.

Zostałeś milionerem nie przypadkiem

Odziedziczyłeś fortunę po Babci
Cieszysz się i nie cieszysz
Gdzieś ciągle i po coś się śpieszysz.

Własnym śmigasz samolotem
Nagle śmigło się urwało
Do tej pory miałeś szczęście
Czy tylko się tak wydawało?

Nic nie ma

Nic nie ma oprócz ciszy
Krzątaniny narzekania ubóstwa
Zamiast dobrej ciekawej nowiny
W telewizji straszenie oszustwa.

A czym mam się podniecać
Że pękła gdzieś pod kimś huśtawka
Polityk się bardzo podniecił
Choroba to także czkawka.

Do mety

Do mety zostało chwil niewiele
Godzina dzień dwie niedziele
Wszystkim jest po tej samej drodze
Dobiegam i się zawodzę.

Sam na mecie a gdzie reszta
Wszyscy zostali gdzieś w tyle
A może biegłem tylko sam ja
To jakaś dziwna gra.

Linia czerwona - znak stopu

Rozglądam się naokoło
Brak oklasków i bez powrotu
Co osiągnąłeś pierdoło?

Pokażcie

Jak Zeusowi dorównać na czasie?
Zyskać zwolenników chmurę
Czy się zapisać do Zwisu
I wejść na wysoką górę.

Zastanowić się uczciwie
Co ja robię w takiej grupie
Popieram takie szaleństwa
Mierne koślawe i trupie.

A może okazję odroczyć
Wejść na skały na dół spojrzeć
Zanim na głowę skoczyć
Własną pychę i bezmyślność dojrzeć.

Za co?

Panowie często nadęci
Sami siebie zdolni poświęcić
Za coś bezradne - koślawe
Szkodliwe typowo - głupawe.

Myśli zazwyczaj są mądre
Stłoczone na jednej kupie
Z powodu nadmiernej chciwości
I stąd te decyzje głupie.

Za co karać ganić straszyć

Jaką miarą trzeba mierzyć
Może jednak będzie lepiej
W piersi własne się uderzyć.

Trzy etapy

Zbyteczne wydają się mapy
Wielkiej wiedzy i przykrywki
Przechodzimy trzy etapy
Typowo w ramach rozgrywki.

Pierwszy etap - ktoś mnie spłodził
Z miłości dostałem życie
Żyję i tyram - w drugim etapie
I własny koniec - w trzecim etapie!

Koniec końcem martwa cisza
Niczego teraz nie żądam
Jestem swoim własnym cieniem
I duchowym przemienieniem.

Ale

Ktoś kto stwarza niecne rzeczy
Aby tylko się rozerwać
Powinien i to jak najprędzej
Takie zamierzenia przerwać.

Co zamierzam nie do wiary
Wybrać się raniutko z rosą
Bez nawet jednego buta
Iść gdzie mnie oczy poniosą.

Byli tacy co dosłownie

Wydymali elektrownię
I nawiali wszyscy w lasy
Takie dziwne mamy czasy.

Dzieje się

To że jestem może nie wiem
I wytłumaczyć tego nie umiem
Ale nie ma co się dziwić
Często siebie nie rozumiem.

A to się dzieje teraz i zawsze
Często płochliwie przed siebie patrzę
Skręcić w prawo czy na lewo
I wybrałem proszę drzewo.

Ktoś kiedyś powiedział rozsądnie
I to nie jest żadne zdziwko
Że życie doczesne na Ziemi
Pod wieczności jest przykrywką.

Sprawność

Fizycznie być sprawnym to super
Mieć głowę na karku i kuper
I nogi gotowe do drogi
Żołądek na zdrowe pierogi.

Psychiczne dołożyć walory
Odwagę uczucia zalety
I kochać wszystko co nas otacza
Przyrodę muzykę kobiety.

Od czego zależą sprawności

Od równowagi duchowej
Od apetytu i cnoty
Być może od ciężkiej roboty.

Lecę

Mogę polecieć dokąd zechcę
Jak mam chęć to się połechcę
Udaję zwykłego wariata
W Dubaju na końcu świata.

Bogactwo nie wszystkich dotyczy
I za granicą i w kraju
Bywa tak że ci co nie mają
To jeszcze nie swoje oddają.

Być może to tylko teoria
Moich myśli euforia
A jeszcze w pragnieniach zawody
Szkoda - nie jestem już młody.

Rozdawnictwo

O czym to może świadczyć
Cały świat się na nas patrzy
I dziwi się przy tym nie jeden
Że trzy dodać dwa to jest siedem.

Zniknęło po drodze dwa grosze
Wydaje się że to nawet niedużo
A w sumie to jest fortuna
I dziwna ta cisza przed burzą.

W naszym kraju w jednej chwili

Bezdomni się wzbogacili
Rozdają wszystko co mają
Aż z zachwytu umierają.

Sądne dni

W aptekach ogromne kolejki
Na stypę darmą się nie załapiesz
Zostaniesz zamknięty do pudła
Za byle co jak zachlapiesz.

Dobrze jak zdrówko jest w normie
Czasowo zdarzy się febra
A zupa zrobiona na gęsto
Uśmiechasz się bardzo często.

Zapłacisz za kropidełko
Grosikiem z własnego kredytu
Nim przejdziesz na drugą stronę
Powtórnie umrzesz z zachwytu.

Nowe

Myśli zaprzątają głowę
Stare odchodzi pojawia się nowe
Chociaż być może to niewiadome
Ale po prawdzie jest już znajome.

Czy nowe jest lepsze?
A stare gorsze i się rozprysło
Jedno jest pewne że coś tąpnęło
W tak dziwnych czasach istnieć nam przyszło.

Żyć prognozować zaciskać paski

Żeby dostąpić na co zasłużę
A co się stanie to nie wiadomo
Dowiem się w górze.

Trwanie

Narasta nowa epoka i rządy
Zmienia się kultura zwyczaje poglądy
Wojna się toczy o dobrobyty
Stąd są problemy niesnaski zgrzyty.

Brat z bratem siostrą za jednym progiem
Dla samych siebie stają się wrogiem
Dla kasy sławy która przemija
W braterskie serca sztylety wbija.

A trwanie bytu wszystkich dotyczy
Zarówno bogatych i biednych
Zdrowych i chorych
Tak było i jest do tej pory.

Popatrzeć

A jak przyjrzeć się temu z boku
Ilu mamy na świecie proroków
I mędrców bogactwem tuczonych
O umysłach nienawiścią przesyconych.

Przyjrzyjmy się sami sobie
Co widzę we własnej osobie?
Co osiągnąłem wraz z wiekiem?
Czy jestem normalnym człowiekiem?

Człowiekiem z kości i krwi

Uczciwym prawdomównym wiernym
Dbającym o dom rodzinny
Co zmaga się z trudem codziennym.

Stróże prawa

Kogo nazwać stróżem prawa?
Policjanta strażnika żołdaka
A na czym polega prawo?
Dziwna instytucja taka.

Prawo nie wszystkich dotyczy
Od początku aż do końca
Nie obejmuje czasowych zdarzeń
Miłości radości marzeń.

W czasach wielkich wynaturzeń
Stwarzane są prawa pełne zaburzeń
Nie pomoże ale napsoci
Gdy światem rządzą idioci.

Wierzenia

Na co głupek może liczyć?
Kiedy rozumy drogo kosztują
A ci co stwarzają prawo
Co zbudują to popsują.

Rozum natura daruje
Całe życie się buduje
Odbiega od pewnej normy
I zbędne są wszelkie reformy.

A w problemie tym coś siedzi

Buduje się szkoły niewiedzy
Ustawia się góry i słupy
I rodzą się nowe przygłupy.

Zbawienie

Do zbawienia długa droga
Nie każdy może się zbawić
A osiągnąć chociażby czyściec
Muszę coś po sobie zostawić.

Rolnik zmarł pozostawił świnie
Pastor wysoką świątynię
Uczony wynalazki wielkie
A pijak pustą butelkę.

Ten ostatni się w piersi bije
Z pustego nikt się nie napije.

Idea

Idea jest zwykłym absurdem
Przyświeca tylko takim przy forsie
To co prawie idealne
Nie dla wszystkich jest osiągalne.

Ideały nie istnieją
Może tylko w wyobraźni
Zapisane na papierze
Oparte na domysłach i wierze.

Idealne są tylko zwyczaje
Niepokoje i lamenty
Po śmierci spalenie na stosie

A za życia niemal święty.

Kierować

Długo kierował On światem
A okazał się wariatem
A Oni go tak słuchali
Aż w końcu powariowali.

A na czasie to wiadomo
Oni próbują atomem się straszyć
Nie daj Boże jak wybuchnie
Nie będzie czym i komu gasić.

Dokąd zmierzamy nietrudno się domyślać
Jesteśmy o krok od zagłady
Kiedyś w końcu zrozumiemy
Że kierują światem gady.

Ktoś każe

Co w przykładzie jest najgorsze
Ktoś każe żałować za forsę
A przy tym miarowo rozgrzeszą
I delikwenta pocieszą.

Grzesznik to człek już chory przewlekle
Nie zapłaci to spłonie w piekle
Za darmo nikt go nie poświęci
A pastor ma dobre pamięci.

Najlepiej się przygotować
Tak żyć by nigdy nie żałować
Za grzechy nie swoje a czyje

A Ziemia za darmo przykryje.

Uwaga!

Prosimy o chwilę uwagi
Dla utrzymania właściwej wagi
I fizycznie i duchowo
Wybrać ścieżkę rowerową.

Hulaj dusza - ster się rusza
Na głowie kask okazały
Na rowerku dużym małym
Aż czerwone są pedały.

Gałąź nisko - schylaj głowę
Uwaga na znaki drogowe!
Błagam - nie ignoruj stopa!
Pisk hamulców! Szkoda chłopa.

Odejdź precz

Odejdź polityczności precz
I mną się nie interesuj
Sama ze sobą się wadź
I na sobie się zastosuj.

Polityczni kaznodzieje
To fachowcy przypadkowi
Żerujący beznadziejni
Niedouczeni bezczelni.

Polityka od zarania
Była i jest niebezpieczna
Jeśli chodzi o zniszczenia

Jest jak najbardziej skuteczna.

Systemy

Każdy system nieźle ściemnia
Jak długa i szeroka jest ziemia
Kolesie jak dojdą do władzy
Robią dym i dużo sadzy.

Sprawiedliwość na papierze
Równość prawość jest utopią
Jesteś pańskim niewolnikiem
Jeszcze gorzej własną kopią.

Władza żąda coraz więcej
Musowo im patrzeć na ręce
Nie pozwolić zakuć w dyby
A nieuczciwych wysłać na grzyby.

Zawierucha czasowa

Nastały czasy dziwnych wypaczeń
Niekontrolowane owiane strachem
Zanika prawość dobroć otucha
Na ustach patriotyczne wrzaskliwe pieśni
Przypominają brzęki łańcucha.

To nam się przyszło za siebie wstydzić
Zamiast miłości się nienawidzić
Ustne grymasy uśmiech szyderczy
Jedni dziś mali inni zaś wielcy.

Nowe prawa tworzone przez rozgrywających
Dla poszerzania własnych korzyści

Niszczenie dorobku minionych pokoleń
Ogłupiałych żandarmów wojska i policji.

Lata przeminą

Żyję zmagając się z czasu próbą
Wydawałoby się już tak długo
Zdany potulnie na własną nicość
Na coś mylnego jak rzeczywistość.

Rzeczywistości czasowej pędy
Wiążące w całość istnień koleje
Żyję bo muszę łudzę i kuszę
Dlaczego po co? Ku zawierusze!

Lata przeminą a z nimi racje
Zdani na łaskę własnego losu
Nasza tożsamość stanie się zbędna
Owiana w pustkę szara bezwzględna.

Niebezpieczne wynalazki

Wynalazki jak dwie strony niestety
Mają dobre i złe zalety
Uczeni się tak bardzo chlubią
A mocno się przy tym czubią.

Gdy koń się pojawił na świat
Wynaleziono na niego bat
A chłopu mocną gorzałkę
Dla policjanta pałkę.

Świat od wynalazków dziś tonie
Nawet po kilka dziennie na głowę

Sami z własnej bezmyślności
Budujemy głowice jądrowe.

Jak będzie wyglądać Ziemia
I żyjący na niej mieszkańcy
Gdy wystrzelona rakieta
Na naszych salonach zatańczy.

Moje myśli

Myśli moje posiałem w rolę czarną
Z nadzieją że na wiosnę wzejdą
Słoneczko płodną Ziemię ogrzeje
Śnieżyce i wichury odejdą.

Myśli moje oddechy ziemi czują
Dojrzewają z każdą godziną
I wydadzą owoce duchowe
Budząc szczęścia radości nowe.

Pseudo geniusze

Polityczni pseudo-geniusze z przypadku
Stali bywalcy wykwintnych salonów
Przemawiający do ludu nierzadko
Oklaskiwani przez oszołomów.

Wybieranie takich ludzi
Wielkie wątpliwości budzi
I to od tak wielu lat
Kręcimy na własne karki bat.

Otwórzcie oczy ludzie szeroko
Nie słuchajcie politycznych frazesów

Politycy nie dążą do dobra ogółu
Drążą ścieżki dla własnych interesów.

Nabieranie

Dajemy się nabrać na lipne oferty
Tracąc przy tym nawet fortuny
W wielu dziedzinach życia
Coś zyskamy bez pokrycia.

Nabrać można wody w usta
Ktoś niewinny pójdzie siedzieć
Nawet się ze wstydu spalić
A do tego tym pochwalić.

A z reguły zwykle bywa
Słabszy w temacie przegrywa
A zamiast potężnego zwierza
Adoptuje nietoperza.

Pewne granice

Do czego to doprowadzi?
Gdy ciało z duchem się wadzi
Do czego dodać od czego odjąć
Ciało spraw pewnych nie może pojąć.

Człowiek zrozumie ale po czasie
Duch przekonywał   nie jedz grubasie
        Zastosuj dietę weź pod uwagę
        Bo wkrótce się nie zmieścisz na wadze.

A więc kolejny scenariusz czasu
I z reguły tak się zdarza

Świnie głodne kwiczą w chlewie
Tusza zjadła gospodarza.

Zguba klucze

Wiatr owiewa bezlitośnie
Deszcz siarczyście w szyby tłucze
Aniołek wracając do nieba
Przypadkiem zapodział klucze.

Duży problem późna pora
Aniołek odszukał pastora
I prosić go o nocleg ośmiela
Sęk w tym że zapomniał portfela.

Pastor w glorii się ukazał
Ręką na cenniki wskazał
Aniołek się wkurzył aż dostał udaru
Bez pieniędzy odleciał do innego wymiaru.

Młodość

Młodości świeża i beztroska
Z każdą chwileczką mknie bezszelestnie
W miłości radości i doznaniach
Pomyśleć że będzie trwać wiecznie.

A w końcu czego mamy się trwożyć
Młodość przemija zgodnie z istnieniem
Starości pewnie się doczekamy
I ktoś to wiąże z niebiańskim cieniem.

Młodości nie ujemna a dodatnia
Niekończąca się usłana w kwiatach

Witana z następującym dnia świtem
Braterstwem ukojeniem i zachwytem.

A my to co?

Cywilizacji ujemne skutki
Sianie fałszu bezwzględności bałamutni
Reklamujemy bakteryjne tytonie
Ciągle nowe rodzaje wódki.

Reklamujemy tylko za forsę
Co pożyteczne nie musi być gorsze
A bez reklamy skąd my to znamy
Więcej wydamy niźli zyskamy.

Brak normalności w pewnym względzie
Niech nie liczy że dobra przybędzie
Niewidomemu choremu biednemu
Nie chleba ale więcej problemów.

Nie tędy błędy

Błąd - krzywe patrzenie na świat
Dla konia takim błędem jest bat
A dla szatana istnienie
Do zupy wrzucone kamienie.

Kto zatem błędy takowe działa
To w stu procentach zakuta pała
Co nabył rozum pewnie na raty
Może być stary ale bogaty.

Błędy na calutkim globie
Ty mnie wytykasz - ja tobie

Myślenie mylne w odwrotną stronę
Często bywa wyróżnione.

Węch

Pies wywąchał że pan hrabia
Na niewolnikach krocie zarabia
A wszem i wobec grozi uparcie
I psu swojemu skąpi na żarcie.

A niewdnicy takie przybłędy
Do pługa owszem a nic do gęby
A to zazwyczaj po prostu jest
Niewolnik będzie żył tak jak pies.

Pan się owinął w złotą pierzynę
Pies mu ukradkiem podrzucił świnię
Teraz przeprasza za tę przyczynę
Pan zabrał żarcie - zostawił ślinę.

Ktoś i ktoś

Komuś ustrój się podoba
Ktoś lubi grzmot i wybuchy
Ktoś się nie boi burzy
Ktoś kłamie że aż się kurzy.

Są tacy co uwielbiają grać w szachy
Sami siebie ogrywają
A w ramach solidarności
Łożą na domy starości.

Ktoś z boku sam siebie podgląda
Nie wstydzi się - nic dla siebie nie żąda

Ktoś przed chłostą czuje bóle
A po biciu - nic w ogóle.

Martwi mnie

Martwi mnie bardzo ten fakt
Że za jakiś miliard lat
Zabraknie tlenu w powietrzu
I płuca się ssakom rozp...

Gorzej słońce może zbankrutować
Nie będzie już z kim i o co wojować
A tak po prawdzie w pewnym względzie
Ziemi już wtedy pewnie nie będzie.

A tak naprawdę dużo się dzieje
Iluminaci robią resety
Nie mamy na to żadnego wpływu
Niestety.

Nie odda

Chrześcijanie to ludzie prawi
Potrafią się ze wszystkim zmierzyć
Wiedzą żeby zrozumieć jak to boli
To muszą się wprzódy uderzyć.

Chrześcijańskie a czy to jest prawe?
Sprzedawane sprzeczne racje
Zabijanie w ramach spisku
W ramach wiary dla ofiary.

Chrześcijanin nie może się poddać
Sam sobie jest skory oddać

Czasem tak mocno że aż z bólu zawyje
Biedny tego nie wytrzyma   bogaty przeżyje.

Jak trafić

Rzadko się może komuś przytrafić
Żeby o nic się nie martwić
Iść za wskazówką własnego losu
Bez werbli wojny i rozgłosu.

Ale jest trudniej jakże inaczej
Na szachownicy króle się czubią
Oni zostają na piedestale
A zwykłe pionki z reguły gubią.

A co się martwić sprawami losu
Aby zapobiec trudnej przyszłości
Pytać się siebie zadbać o siebie
A to się dzieje i z konieczności.

Dwudziesty pierwszy wiek

Dwudziesty pierwszy wiek
Coś jak zdarzenie losu
Wydaje się że to nieznani z kosmosu
Narobili takiego bigosu.

To wygląda już na horror
Wszyscy podobni do Zorro
Nawet najzgrabniejsze laski
Zakrywają śliczne maski.

Jak się za ożenek zabrać?
Oj można się nieźle nabrać

Ożenić się ze starą babą
Na samą myśl robi się słabo.

Przystojny rozmowny i miły
Wydaje się chłop na piątkę
Twarz otulona przez metkę
Wydało się - skończył setkę.

A końca tej parodii nie widać
Czas wykazać się odwagą
A kosmitów których znamy
Zdzielić po garbach ciupagą.

Czarne noce

Czarne noce powstały w piekle
Przez złe duchy nieleczone przewlekłe
Ze złości sodomy i gomory
I trwają aż do tej pory.

Czarne noce działają spójnie
Udzielają się również społecznie
Stwarzają niemałe problemy
Zdradliwe przykre niebezpieczne.

Czarne noce mają swoje minusy
Nic nie widać - sprzyjają złodziejom
We śnie można nawet kredyt zaciągnąć
I na serio kopyta wyciągnąć.

Lament na zamku

Na zamczysku powstał zamęt
Właśnie skończył się atrament

Pan hrabia poczuł się słabo
Zamierzał sporządzić testament.

Pomyślał to koniec!
Mus podzielić na dzieci włości
Wtem niemały problem powstał
To pies panu atrament wyżłopał.

Pan próbował psa zastrzelić
Ale pies wariata struga
Okazało się że naboje do strzelby
Zwinęła panu papuga.

Grunt że dobrze się skończyło
A prawdę mówić wypada
Może lepiej to jest dla hrabi
Skoro ten nic nie posiadał.

Pogoda

Na dworze szaro - smutnawo
A ponuro że nie mogę
Kogo za to można winić
To jasne - tylko pogodę.

Zła pogoda - tylko na co?
A może jej dobrze płacą
I stąd te ulewne deszcze
A na dodatek chłód jeszcze.

Ale jest nadzieja na lepsze
Że pogoda się poprawi
I wina ulotni się w dali
A wszyscy są zdrowi i cali.

Do syta

Do syta się można obżerać
A to z winy apetytu
Zdarza się że zasiali pszenicę
A obrodziło żyto.

Apetyty są coraz większe
Na wszystko co tylko istnieje
A ktoś kto tego nie zauważa
I niby to nic się nie dzieje.

Witamy wiosnę

Wiosenko witamy - pośpiesz się troszeczkę
Zaproś Słońca więcej o kapeczkę
Niech ozłoci Ziemię Matkę
Zielenią z kwiatków dodatkiem.

Na podwórkach widać ruchy
Na strychy wróciły poduchy
Typowe krzątaniny dzienne
Szykują się porządki wiosenne.

Nie ma jak to wiosenny szał
Z niebios strużkami dobroci płyną
Buziaki weselsze radosne
Ochoczo witamy Wiosnę.

Granda

Epokowa - dziwna granda
Niektórzy się tym obarczyli

Z własnej bzdurnej bezmyślności
W Kosmosie lęk zakupili.

Bolesny to jest powód do dumy
Wydane na zakup fortuny
Ktoś jeszcze pochwalił ich za to
A liczni się kłócą i płacą.

Tylko patrzeć na Zapusta
Ogłoszą zakaz patrzenia do lustra
Żeby ktoś czegoś nie dojrzał
I prawdzie w oczy nie spojrzał.

A dziwna to jest pokuta
Nie deptać a udawać koguta
Ale się w końcu naumieć
I nauczyć się rozumieć.

Podatek od strachu

Nastał czas kolejnego obciachu
Że tak można się wyrazić
A to ma wejść już niebawem
Podatek od strachu zapłacić.

Tutaj w grę nie wchodzą raty
A w przeliczeniu na baty
Stracisz kozę i chałupę
Nie uiścisz zerżną d...

Stało się i co tu wątpić
Rzucono lękową klątwę
Niewidzialnej myśli rózgi
Dewastują ludzkie mózgi.

Leniwemu wolno

Leniwemu wszystko wolno
Na niczym mu nie zależy
Po co taki ma harować
Za darmo mu się należy.

Czy lenistwo się opłaca?
Ktoś za darmo leczy kaca
Od leżenia tak się zmógł
Nie czuje i rąk i nóg.

Wiosna ruszyła

Wiosna pełna radości po brzegi
Śmiało wędruje po świecie
Kolejne nam dzionki funduje
A ptaszyna jej śpiewem wtóruje.

A Babunie i Dziadkowie
Co to zimna się nie boją
Zostawili ciepłe szale
Śmiało ruszyli do boju.

Grabią w ogródkach
Robią porządki
Szykują pod kwiatki
I warzywa grządki.

Boska Natura

Boska Natura życie stwarzała
Bardzo się przy tym napracowała

Mądrze mozolnie i krok po kroku
Przez 365 dni w ciągu roku.

Boska Natura genialna była
Wnet cztery pory roku stworzyła
Więc mamy zimę wiosnę lato i jesień
A każda pora życie nam niesie.

Czasem jest przykro Boskiej Naturze
Gdy kłęby dymu z kominów w chmurze
Stwarzając przy tym problemy duże
Przeciwko sobie własnej naturze.

I tak i tak

Iść do tyłu do przodu na bok jednocześnie
Uwierzyć w siebie za wcześnie
Najpierw wstać a potem obudzić
Jakże trzeba się utrudzić.

Zostać w miejscu i próżnować
Fikcyjne budować poglądy
Iść na całość i przesadzać
Samemu sobie zawadzać.

Zestarzeć się z braku młodości
Nie wiedzieć gdzie licho siedzi
Nie być dla siebie uprzejmym
To skutki własnej niewiedzy.

Co się liczy

Ktoś próbuje wiosenne radości zakłócić
Rygory społeczeństwom narzucić

Niepokoje i bzdety nagłaśniać
Zamiast uczciwie sprawy wyjaśniać.

Do akcji wkroczyły rządy
Narzucają rację marną
Dochodzi do fali strajków
Niepokoje świat ogarną.

Obecnie nonsensy sięgają zenitu
Niewidzialne lęki w zawiasach
Widać jasno co najbardziej się liczy
Kasa kasa kasa kasa kasa!

Pan i zając

Pan na Zająca krzyczał
Że ten plącze się po lesie
Pan się boi że ów Zając
Z lasu zarazę przyniesie.

A że Zając dużą wiedzę posiadał
Prawie wszystkie rozumy pozjadał
Lufę w strzelbie zablokował
I Pan się reanimował.

Z morału się kończy na bajce
Dym nic nie winien u kuruca
To palacz się o tym przekona
Gdy zadymi własne płuca.

Dziwny telefon

Wiosna zagląda do okien
Ciepło przyszło gdzieś z przestworzy

Wraz ze słoneczkiem promiennym
Wesołości w sercach mnoży.

Dziwny telefon z samego rana
Miły głosik   pozdrawiam Panią i Pana
Nutka ciepła wesoluteńka
Halo - tu mówi wiosenka.

Dzień dobry - witam Panią i Pana
Dość leżenia i chrapania
Proponuję przy Święcie Palmowej Niedzieli
Radością z życia razem weselić.

Czy uda się?

Czy uda się uniknąć problemów?
Na Ziemi i kiedyś w Niebie
Zaufać własnemu sumieniu
Uwierzyć w samego siebie.

Problemy były i będą od zawsze
Trudniejsze prościejsze łaskawsze
Jak ryba na haczyka wędce
Ukryte rozwiązywane naprędce.

A zdarza się bardzo często
Ważne sprawy w bawełnę owijać
I gwoździe do własnej trumny
Odwrotnie własną pięścią powbijać.

Ataki

Firmy produkują bajer
Ktoś gdzieś za pieniądze płacze

Na siebie zbierane dowody
Można się zarazić kacem.

Kac to jeszcze mała frajda
Zrozumie taki ciamajda
Jak za swoje się upije
Zrozumie jeżeli przeżyje.

Egzekucje

W wyobraźni się zdarzają
Sytuacje złe nierzadko
Ktoś się wzruszył ponad miarę
I stłukł się na kwaśne jabłko.

Groźny starzec kopci faję
Nawet do dwóch paczek dziennie
Słabo widzi i nie kuca
Nieźle pielęgnuje płuca.

Wkurzony czas

Czas się może nami znudzić
Coś go wkurzy i zakłóci
Odejdzie bezszelestnie do nikąd
I już nigdy nie powróci.

Czas decyduje o Ziemi losie
Jest najważniejszy w całym Kosmosie
I niczego się nie wstydzi
Nikt go nie słyszy nie widzi.

Czas obserwuje nas bacznie
Broń Boże jak się zacznie

Dziwna zmowa atomowa
Przyszłość czasowa nie kolorowa!

Oni każą

Oni ci każą - mówią ci idź
        Wyjdź na ulicę biedaków bić!
        Bądź agresywny mężny waleczny
        Pokaż że jesteś zły niebezpieczny!

Oni pokażą twój pysk na okładce
Jak spojrzysz w oczy Ojcu i Matce
Tyś ten bohater na wzór Lenina
W oczach nienawiść na ustach ślina.

I wylądujesz w niebieskiej czapce
Gdzieś na Sybirze lub na Alasce
W podartej bluzce szramą na skroni
Z pochodnią ognia i łukiem w dłoni.

A tam ciebie spotka nowe ciekawe
Będziesz wojował z carskim potomkiem
Biegał po lesie i szukał chrustu
I nie dostąpisz nigdy odpustu.

Wiadomości

Wiadomości mamy sporo
Które nieźle mózgi piorą
Najgorsze czasy jak wytrwać
Włosów z głowy nie wyrwać (do łysych.)

Co to? Na ekranach pojawił się lew
W szczęce ślina we ślepiach gniew

Na pysku biała opaska
W głębi komnaty nagutka laska.

A widzowie oniemieli
Niektórzy parskali i drżeli
Nikt nie przewidział takiej nagonki
Lew zeżarł wirusa połknął szczepionki!

Wielkanocny Poniedziałek

Wielkanocny Poniedziałek
Z dawien dawna jest na modzie
A to że jest tak przyjemnie
Wszystko zawdzięczamy wodzie.

Woda to zdrowie i samo życie
Dla wszystkich istot ziemskich żyjących
I dla natury i drzewnych kniei
Woda spełnieniem naszych nadziei.

Polewajmy się wzajemnie
W rytmie disco rokenrola
Na leżąco na stojąco
Nie polecam wodą gorącą.

Władca

Pewien władca w naszych czasach
Wpadł w ogromną euforię
Chciał popisać się mądrością
Odwrotnie - pomylił teorie.

Oznajmił głośno dobitnie
Że nie je nie używa nie pije!

Od lat prawie dwudziestu
Jak pierdzi to głośno wyje.

Sam przed ludem się wychwala
A następnie się podpala
A co najdziwniejsza sprawa
Dostał za to gromkie brawa.

Nie podpaść

Nigdy starał się nie podpaść
Nikt go nie chciał nawet okraść
Dobrze wiedział i dlaczego
Bo z czego to okraść biednego.

A co może taka bieda
Tego opisać się nie da
Nie dość że spokój odbierze
To z czartem zawiera przymierze.

Wpadł na pomysł sprzedał biedę
Wydaje się to pomysł szalony
Został nawet szefem mafii
A nie każdy tak potrafi.

Odkrycie

Wygląda to na odkrycie
Nowość stała się na rzeczy
Od jutra zobowiązuje
Zakaz zniewolenia cieczy.

Baseny do likwidacji
Koniec udanych wakacji

Coś takiego strach zapytać
Wszystko co ciekłe zasypać.

Ktoś stara się odgórnie zachęcać
Po co się nad butelką znęcać
Odkręcać przykrywki słoika
Oj kusa jest polityka.

Apteka

W aptece jest wiele leków
Różnego działania rodzaju
Na nerwy głowę żołądek
Na środę sobotę i piątek.

A medycyna brana nadmiarem
Pogłębia smutek zatraca wiarę
Przysparza i tworzy dziwne przecieki
Stąd też na buźce liczne wypieki.

Kto uwierzy medycynie
Kupuje co się nawinie
Z chmurką myszką pieskiem kotkiem
Wbija w ciało maści młotkiem.

Różnice

Jak odróżnić zwykłą pracę
Od tak typowej roboty?
Robota trwa cały tydzień
A praca tylko w soboty.

Osobiście i nigdy z przymusu
Pracę szanować robotę lubić

A co jest ważne nie zaniedbywać
Tyrać na chlebek i odpoczywać.

Bez pracy nie ma kołaczy
A bez roboty luksusu
Lepiej zarabiać na siebie
Niż na kogoś i z przymusu.

Niewskazane

Obrażanie bardzo częste
Nie jest powodem do dumy
Gubi się wszelkie nadzieje
Ciało szybko się starzeje.

Obrażony źle znosi obelgi
A co może być najgorsze
Nie wziął za pracę wypłaty
Bo się pogniewał na forsę!

A co może się najgorsze przydarzyć
To na siebie samego obrazić
I to ze swojej winy
Tak zwyczajnie bez przyczyny.

Nastąpi

Powiem trochę - nawet więcej
Jak bardzo zmieni się świat
A to nastąpi niebawem
Za około czterysta lat.

Nikt nie będzie się wysilał
Zbraknie politycznej rózgi

Wszystko zdalnie sterowane
Czipy wmontowane w mózgi.

Wszystko co złe pójdzie precz!
Co zechcesz to możesz mieć
Problem jest w tym jak czas rozłożyć
I do 2501 roku dożyć.

Okoliczności

Bez względu na okoliczności
W ramach wyższej konieczności
Każda istota na Ziemi
Posiada datę ważności.

Ważna jest każda istota żywa
Ptaszek co fruwa ryba co pływa
Człowiek roślina mrowisko leśne
Na życie ziemskie duchem cielesne.

A co jest w tym najdziwniejsze
I wyobraźnię rozpala
Nikt dotąd nie podważył prawdy
Że sam Bóg datę ważności ustala.

Założenia

Wszelkie plany założenia
Mogą spalić na panewce
Ktoś zamierzał się wyróżnić
Ale nikt go chwalić nie chce.

Wyróżnieni odznaczeni
Za długi zasługi i z łaski padalce

Nie zawsze pobożni niezłomni
Czas o prawdę się upomni.

Starożytność - nowożytność
Faraoni - władcy - króle
Przeminęły sławy racje
Ostały się jeno bóle.

Pierwsze i drugie

Żyć na serio i bezpiecznie
Wydawałoby się że wiecznie
Nadstawiać uszy na szmery
Pokonywać życiowe bariery.

Życie to jak powietrze jest niewidoczne
Ktoś twierdzi że nade wszystko sprytne
W tę i we wtę tak jak we młynie
Samo w sobie wartko płynie.

Uczynków się dobrych dosłużyć
Na nowe życie zasłużyć
Dojść do końca - precz grymaski
A w Niebie czekają łaski.

Dymnie

Płci obojga w różnym wieku
Ograniczmy zniewolenie
Rzuć palenie i zgaś faję
Bo dym szkodzi! Nie udaje!

Dym szkodzi wszystkiemu co żyje
Wejdzie wszędzie niewidoczne

Niszczy płuca nerki śledzionę
I wyczyści z portfelika zielone.

Pytań jest sporo - brak odpowiedzi
Dym widać słychać i czuć!
Gorszy od niewidzialnej zarazy!
Nie policzy ile razy!

Górna strefa

Wymyślono w górnej strefie
Taki pomysł aż telepie
Ścieżkę rowerową na froncie
I kropidła w każdym sklepie.

Pomysł został zatwierdzony
Wynalazca odznaczony
Ale można się zniechęcić
Kogo na mecie poświęcić?.

Rowerzystę z karabinem w dłoniach strzelca
Z marmuru wykutego cielca
Wynalazcę atomowego kaznodzieję
Coś się z umysłami uczonych złego dzieje.

Nic

Nie wszystko jest proste jak się wydaje
Kogoś się ceni innego łaje
Pewne się sprawy często wypacza
Za coś przeprasza komuś wybacza.

Pomniki liczne obelisk stosy
Bohaterowie odległych czasów

Twarze kamienne wpatrzone w nicość
To jest na czasie jak rzeczywistość.

Ktoś z siebie dumny sam się wychwala
Jest zasłużony - nic nie wynalazł
Jak to oceni przeciętny widz?
Obraz człowieka - i - Wielkie Nic.

Wiosna

Wiosenko Ty jesteś wspaniała
Urocza miła pachnąca
Postarasz się - Ty tylko potrafisz
Pokłonić się bliżej Słońca.

Majowe Słońce tak bardzo wierne
Ogromnym blaskiem pokrywa Ziemię
Wiele się dzieje na wioskach miastach
Sprawia że radość w sercach urasta.

Maj jak co roku żywy bogaty
Ptaszki ćwierkają zakwitły kwiaty
Droga Wiosno dzięki Ci za to
I tylko patrzeć zaprosisz Lato.

Poranki majowe

Codzienne poranki majowe
Dumne rześkie przebojowe
Podrywamy się z pościeli
Zdrowsi milsi i weseli

Maja o słońce nie trzeba prosić
Ciepły deszczyk ziemię zrosi

Czasami burza nadejdzie
Ale w oka mgnienie przejdzie.

Wiosna wiosenka porządki
Kwiaty pachnące pnące do góry
Maj to miesiąc zakochanych
Niepowtarzalny cud Boskiej Natury.

Demokracja

Za obecną demokracją
Myślą trudno jest nadążać
Można się przy tym zapomnieć
Nie zdążyć butów zawiązać.

Demokracji czas niestały
Powiększają się podziały
A co nie umknie uwadze
Łatwiej jest przybrać na wadze.

Demokracja się udziela
Oparta jest na kredytach
Koń zanim spróbuje owsa
A już wyciągnie kopyta.

Dawniej

Dawniej bywało całkiem odmiennie
Wszystkim na świecie dobrze się działo
Jeden pracował na cztery zmiany
A tylko pięciu leniuchowało.

Sytuacja się nie zmieniła
Jest po prawdzie na przegięciu

Jeden pracuje bez przerwy
A pilnuje go 465.

Ten ktoś musi być wydajny
Silny sprawny jak sobaka
I nierzadko przy wypłacie
Często wykrzywia buziaka.

Maj

W Maju spełnią się marzenia
Pojedyncze i grupowe
To zostało przyrzeczone
I wszystkie zostaną spełnione.

W Maju rodzą się nowe przyjaźnie
Pomnażają się pamięci
Dzionki mamy coraz dłuższe
Wszystko się radośnie kręci.

Zdarzy się że deszczyk siąpi
Chmurka słoneczko zakrywa
I Maju jak w Raju i to jest prawda
Rozkwita miłość prawdziwa.

Wesele Justynki i Tomaszka

Gdy rozlegną się dźwięki lutni
Wesele głośne i rześkie
Rozumiane we wszystkich językach
Nigdy jeszcze nie słyszane wcześniej.

Jak trzeba się bardzo utrudzić
Wzajemną miłość w serduszkach obudzić

Bije dzwon szczęścia
Bije dzwon miłości
Nasze serca zawsze
Pełne są radości.

1- Maj 2020 r.

Państwo Młodzi

Justynka i Tomaszek
Zapraszają w Dniu 1- Maja 2020 roku
Na uroczystości Ślubu i Weseliska
Wszystkich Państwa z daleka i z bliska.

Witajcie Kochani Goście
Wszyscy o przeciwnej płci
Oznajmiamy że wesele
Będzie trwało cztery dni.

Gdy już o weselu mowa
Gra orkiestra wyborowa
Która energię wyzwoli
Disco-polo do swawoli.

Restauracja jak malowanie
Suto stoły zastawione
A szampany w gotowości
W ramach tańca serdeczności.

Hura hura grzmi nad światem
W górę serca serdecznym wiwatem
Wypijmy za Zdrowie Państwa Młodych
Oraz wszystkich Gości zdrowie
W górę kieliszeczki szampana

I bawimy się do rana.

My wszyscy cała Rodzina i Goście
Ściskamy połączone węzłem małżeńskim ręce
W nadziei że w niedługim czasie
Będzie nas w Rodzinie więcej
Niezapomniany wesela czas
Na zawsze pozostanie w nas.

Zgodnie z przepowiednią

Zgodnie z przepowiednią starą
Nagroda może być karą
A odwrotnie kara nagrodą
I nowe pomysły się rodzą.

Za pomysłem idą czyny
Które mają nogi krótkie
Ku poprawie dobrobytu
Niestety w odwrotnym kierunku.

A dlatego tak się dzieje
Bo czas szybciej się starzeje
Stąd mnóstwo dziwnych przecieków
Z winy podeszłego wieku.

Zanim

Zanim zdążycie zapalić lonty
Nim się udacie na wojny fronty
Nieprzypadkowo tak od niechcenia
Sprawdźcie tożsamość swojego sumienia.

Ludzie o dobrej i złej woli

Ból nie istnieje a jednak boli
Psycho-fizycznie pojedynczo i grupowo
Ale nie wszystkich i jednakowo.

Fani wojenni bohaterowie tyrani
Odznaczeni od wieków za zabijanie
Żyjący i ci w zaświatach
W sztywnych bezimiennych krawatach.

Rzeczywistość

Rzeczywistość bywa różna
Od niczego nie zależy
To jest coś niewyobrażalne
Żadną miarą się nie mierzy.

Rzeczywistość niezbadana
Zespołowa i prywatna
Dzielna miła chybotliwa
Uprzejma i sprawiedliwa.

Czy rzeczywistość to jest przejrzystość
Często się gubi a tak być musi
Bywa odwrotna nawet kłopotna
Nietypowo - morowo - zalotna.

Udawać

Udawać czasami głupiego
To wcale nie jest tak głupio
Czasy są typowo dziwne
Ludzie teraz wszystko kupią.

Zdarza się często wykrakać

Wydarzenia niebezpieczne
Ale prawdy tylko ćwierci
A nie dotyczy to śmierci.

Nie dogonisz swojego czasu
Choćbyś dzień i noc pracował
Udzielać się wiedzą siłą
Nie dogonisz czego nie było.

Nic się nie dzieje

Nic się nie dzieje tak bez przyczyny
Lecą minuty godziny dni
Fortepian zamilkł zniknęły nuty
Kot się zapomniał i w butach śpi.

Świrus się pleni zenitu dotknął
Ktoś się o własne nogi zahaczył
Zanim nagrzeszył zrozumiał w porę
I własne winy sobie wybaczył.

O co więc walczyć tak bez przyczyny
Dźwigać rakiety i karabiny
Lepiej poleżeć w ogrodzie w cieniu
W ciszy spokoju i ukojeniu.

Ślady epok

Wykute twarze w twardym granicie
A głowy uniesione dumnie
Minionych epok ślady niosą
A tak doprawdy dla kogo i po co.

Bohaterowie na cokołach

Uczeni prezydenci włodarze
Ci wynoszeni na ołtarze
A czy prawdziwie czas pokaże.

Czas jest jedynym świata panem
Z rankiem odkrywa życiową kartę
Ważne co w duszy zachowane
Jest na obrazie niewiele warte.

Do niczego

Do niczego to podobne
Dziwne i pod każdym względem
Od lat kilku w pewnym kraju
Za darmo wszystko rozdają.

Wszystkiego tu wolno dotknąć
O własne nogi się potknąć
Na wiecu odpalić racę
Bez ograniczeń na tacę.

Jak się z góry na to patrzy
Stajesz się coraz bogatszy
Za swoje się nie upijesz
Tutaj wiesz że jesteś i żyjesz.

Odpoczynek

Odpoczynek w wyniku zmęczenia
Bieganie i gimnastyka
Na dworze o różnej porze
Wskazane dla emeryta.

Emerycie podnieś głowę

Z szacunkiem dla Ziemi Matki
Z braku ruchu ktoś zapyta
Kostucha wcześniej zawita.

Nikt się wysokość świadczeń nie pyta
A powinien dla kogoś o niskiej rencie
Przysługuje sto pompek na cemencie
A odpoczynek zazwyczaj z przymusu
I to jest zaliczane do luksusu.

Dzień Dziecka

Piękna wiosna 2021 roku
Od raniutka aż do zmroku
Śliczny czerwcowy poranek
Oj będzie oj będzie dziś grane.

Słoneczko zagląda pod strzechy
Pobudka! Witajcie Najdroższe Pociechy
I dorosłe i te mniejsze
Nasze Dzieciaczki są Najważniejsze.

Mamusie Babunie Tatusie i Dziadki
Z Okazji Światowego Dnia Dziecka
A każdy z Nas o Was pamięta
Dużo zdróweczka i co zapragniecie
I wszystkiego najlepszego
       Życzymy Wam
              W Dniu Waszego Święta.

Pewien uczony

Pewien uczony posiadał klasę
Próbował dogadać się z czasem

I ciągle frasował tym głowę
Rozwijał teorie wciąż nowe.

Na nic się zdały liczne badania
Testy wyniki i domyślania
Liczne naukowe sesje
Czas z uczonym gadać nie chce.

Aż kiedyś przelała się fala goryczy
Uczony w banku się zapożyczył
Zachwiana została w uczonym wiara
Zatrzymał wskazówki zegara.

A wtedy nadeszło olśnienie
I duma ogarnęła magistra
Udał się szybko do szkoły
Staruszek zapomniał tornistra.

W tym samym czasie

Wszystko robić w jednym czasie
Pracować uczyć się i opalać
Raz przybliżać się do mety
W tym samym czasie oddalać.

Czasu nie można kupić pożyczyć
Tak jak mrówek w mrowisku policzyć
Jednym kolorem obdarzyć kwiatki
Odroczyć drogowe wypadki.

Czas jak pomyśleć jest wiele wart
On tylko jeden odkrywa karty
Czasu nie poznasz we śnie na jawie
On jeden dzierży asa w rękawie.

Nowości

A na czasie co my mamy
Wdrażane są nowe programy
Gospodarczo - rozwojowe
Budząc wciąż emocje nowe.

Bitkojny ruszyły z kopyta
Gruba forsa się szykuje
Ktoś dorobił się w godzinę
Pałac na wodzie buduje.

Nowości na każdym kroku
Zwiększa się program oglądalności
Nowy ład wygląda pięknie
To dlaczego skóra cierpnie?

Środek lata

Środkiem lata lipiec goni
Wakacyjne dni szemrzące
Na plażach gorące ciała
Szeroko śmiejące słońce.

Cały świat utonął w kwiecie
Uroczo nam chwile zapełnia
Wystarczy tylko pomyśleć
A każde życzenie się spełnia.

Oko w oko z pięknym latem
Radości w myślach wyłuskać
Proponuję śliczne buzie
W źródlanych strumykach wypluskać.

Do przemyślenia

W myślach biec co koń wyskoczy
We własne popatrzeć oczy
Odrzucić co z prawdą się kłóci
Minęło odeszło nie wróci.

Dni ciągle mijają się z nocą
Czas swoje oblicze zmienia
Czy prawdą jest że ludzki gatunek
Ma tutaj wiele do powiedzenia?

A popatrzeć z lotu ptaka
Człowiek jest słaby płochy malutki
Zmienia ciągle na twarzy maski
Stąd te wady i potrzaski!

Przypadkowo

Istniejemy nie przypadkiem
Żeby trwać kochać przebaczać
Ale wspólnie urok świata
Przez czasy nam dane przetaczać.

Wiele dni i czarnych nocy
Biegnie z nami wciąż do przodu
Dzieląc trudy tworząc piękno
Ideą istnienia świętą.

Nasze czyny trwania własne
Czyste myśli ślad buduje
Głosy prawdy o miłości
W pieśni żywej i wolności.

Beztrosko

Na poważnie beztrosko z uśmiechem
Za dnia nocą nad ranem
To czas w nas jest najważniejszy
W ważnej roli bycia panem.

Dzień nie staje się powtórką
Skała najzwyklejszą chmurką
Przyciąganie nieważkością
Pusty portfel zawartością.

Zła godzina musi minąć
Coś co tworzy lęku kłody
Mimo że tak się różnimy
Spróbujemy szukać zgody.

Wyobraźnia

Co zostaje w wyobraźni
Stwarza mylne niepokoje
To że dobra materialne
Czasowo są twoje i moje.

Optymistyczne myślenie z pożytkiem
W dobrych celach kształtuje nam bycie
Z godnością przechodzimy przez życie
A sprawdza się znakomicie.

Być zdrowym na duchu i ciele
Brać z życiu co tylko da się
I wszystko co jest pożyteczne
Bezpiecznie i w danym nam czasie.

Dążenia

Dążenie do dobrobytu
Nigdy już nie wyjdzie z mody
Ale nie zawsze to się opłaci
Cel ten trafia na przeszkody.

Stąd podaże i popyty
Stare śpiewki nowe płyty
Ktoś postanowił spróbować
Zlikwidować apetyty.

Być głodnym i stać się modnym
Takie czasy kiedyś były
Ponoć sprzyja to odwadze
Nie musisz tracić na wadze.

Samego siebie

Samego siebie zrozumieć
Odrzucić od siebie żale
Zaniechać wszelkie pretensje
Jest łatwo - czy tak się wydaje?

Dobijać targu o życie
A czy to aby coś da
Kombinować łajać bredzić
Patrzeć na się spode łba.

Jeden drugiemu urąga
Stan rzeczy niezmiennie trwa
Kapuście brakuje zieleni
Głąba w środku trzeba zmienić.

Myśli

Pewien uczony odkrył myśli
Mądre głupie słuszne dziwne
Ktoś próbuje praw dochodzić
Choć się jeszcze nie urodził.

Kupować ale nie płacić
Jak na biedzie się wzbogacić
A są tacy co nie mają
Ale wciąż się dokładają.

A żeby dawali więcej
I nie czuli w tym podstępu
Wymyślił niewidzialną zarazę
Połączenie widma z gazem.

Niski poziom i straszenie
Propaganda mózgi zmienia
Dużo dzieje się na czasie
I wymaga przemyślenia.

Naturalnie

Naturalnie w każdym względzie
Było fajnie jest i będzie
Z niezależnych od nas przyczyn
Życie to nie lada wyczyn.

Człowiek często zdanie zmienia
Coraz więcej pragnie łaknie
Jedna wojna się skończyła
Niebawem druga się zacznie.

Błędem jest narażać zdrowie
Reklamy z tytoniem oglądać
Polityczną baśnią dziwić
Lepiej mieć się na baczności
Bo może buziaka wykrzywić.

Chrzest Krzysia

Bóg jest w nas i wszystko gra
Spotykamy się każdego dnia
A o zdrowie trzeba dbać
I nie ma się o co bać.

Wczoraj było jest i zaś
Pozdrowienia śle Rodzince Staś
Życzy Wszystkim miłego dnia
Niechaj Bozia zdrówko da.

Graj graj graj   a kapela dmie
Krzyś wesoły jest na Swoim Chrzcie
A Mamusia Justynka przy wózeczku trwa
Tatuś Tomaszek smoka dzidzi da.

A pogoda piękna taka
Joasia przytula Chrześniaka z Chrzestnym
Babcią Tereską i Dziadkiem Andrzejkiem wspólnie
Jest uroczo i przytulnie.

Trwaj trwaj trwaj szczęśliwości trwaj
22 - sierpnia 2021 roku a za roczek maj
Baw baw baw się Rodzinko śmiej
Wszyscy razem zawsze będzie lżej.

Rozsądek

Od wiek wieków to się dzieje
Być może jest to pokutą
Zmagania życiowe nadzieje
Przeplatane złem i butą.

Człowiek z przyczyny nijakiej
Tworzy zgrzyty nuklearne
W dążeniach do dobrobytu
Co daje efekty marne.

Z górnej półki

Wiadomości z górnej półki
Błyskawicznie się rozbiegły
Tereska i Joasia Nasze Jaskółki
W tej właśnie chwili wylądowały.

Tereska i Joasia kochają podróże
Co tam osiem godzin w górze
Beztroskie bujania w chmurze
I się ociupinkę zdrzemnie
Jest wesoło i przyjemnie.

Chwile spotkań w Polsce przeszły
Dziewczyn drogi się rozeszły
Asieńka została w Chicago
Mama wróciła do NJ
Do Lawrenceville droga już niedaleka
Na Tereskę Stasio czeka.

Pysek o sobie

Znikły problemy małe i duże
Pysek na emeryturze
Listonosze ledwie zipią
Ciągle dolarami sypią.

I o co się z biedą spierać
Żyć takiemu nie umierać
Martwić że apetyt wetnie
Po co gorzej - lepiej świetnie.

Stało się Tereska miła
Stasia Pyska opuściła
To jest prawda żadna sztuczka
Poleciała spotkać wnuczka.

A Pysek wygląda przez okno
Z chmurki sypie deszczem takim
Pewnie przy takiej pogodzie
Wirusy utopią się w wodzie.

I pomyśleć

Czas biegnie wartko i się nie pyta
Beztrosko liczy stronice książki
Praca marzenia i obowiązki
Któż by pomyślał być może zgadł.

Witam Ciebie Aniu
Kłania się Stasio i Frania brat
Od lat już jestem za wielką wodą
Widzę Ciebie Aniu piękną i młodą.

Życzę Tobie Aniu
Wszystkiego co zapragniesz
Dużo zdróweczka i pomyślności
Pozdrów Rodzinkę z naszej Ostrołęki
Do spotkania ku przyszłości.

Pani Krysia Paniusia

Każdy się dowiedzieć może
Z dawien dawna i od dzisiaj
W Ostrołęce pięknym mieście
Mieszka Pani Krysia Paniusia.

Pani Krysia Paniusia - nasza piękna dama
Buzia pogodna nad wyraz wdzięki
Głosik miły szczery pewny
To wzór ostrołęckiej królewny.

Pani Krysiu Paniusiu my bardzo
Panią cenimy i kochamy
Jesteś naszym sercom bliska
Pokrzepiasz nas w duchu poezji.

Nasza Pani Krysiu Paniusiu wspaniała
Wspólnie zrobimy taneczne kółko
To już zostało postanowione
Razem udamy się w jedną stronę.

Realia

Któryś tam telefon z rana
Głos w słuchawce   witam pana
I to z niemałym naciskiem
Pilne - ktoś chce rozmawiać z Pyskiem.

Zdziwiło mnie to tak bardzo
Zadzwonił Król Jagiełło z Grunwaldu
I zagaja mnie czymś takim
Staś powalczymy z Krzyżakiem.

Oznajmiłem z wielkim bólem
Słuchaj Witold jesteś Królem
Daj spokój - mam rany odnowić
Wojuj jak nie masz co robić.

Pysek przeżył wiele wojen
Swoje własne trzy światowe!
Walczcie sobie dla rozrywki!
Pysek nie upadł na głowę.

Cudeńka

Cuda dzieją się w naturze
Kura zniosła jajko w górze
I oparte na dowodzie
Sam kogut był przy porodzie.

Wnet słuchy doszły do krówki
Pasącej się niedaleko
Tak bidulkę zaskoczyło
Mleko w cyckach się zwarzyło.

Iść na układ

Emeryt i rencista to teraz król
Każdy kto odstawi sól
I cukier go nie podnieca
Wyprostowany jak świeca.

Na układy iść wypada
Zacząć działać teraz w porę
Nie martwić się nie grymasić
Posłuchać rady Naszej Joasi.

Efekt mamy w oka mgnienie
Uwierzysz   ciśnienie w normie
Humorek   uśmiechasz się często
Gdy odstawisz tłuste mięso.

Emerycie rencisto dobrodzieju
Oddal z chemii zbędne proszki
Posłuchaj Joanny Tereski i Stasia Pyska
Hura! Załapiesz się na igrzyska.

Chrzciny Krzysia

22 sierpień 2021 rok jest piękne lato
Dziś się wszyscy spotykamy
Na buziach uśmiechy wesołe miny
Wielkie Święto - Krzysia Chrzciny.

Synek Wnuczek Rodzinka   Ach Pociecha
Krzyś do wszystkich się uśmiecha
Chociaż rozmawiać jeszcze nie umie
Ale już wszystko dobrze rozumie.

Tylko patrzeć jak Krzyś na nóżki wstanie
Z Mamusią Justynką zanuci piosenkę
A na spacerek z Tatusiem Tomaszkiem
Pobiegnie na spacer za rękę.

Grunt to Rodzinka cała w komplecie

Rodzice Dzieci Wnuczki i Dziadki
Abyśmy zgodnie żyli w rozkwicie
W prawdzie i zgodzie cieszyli życiem.

Rozsądek

Od wiek wieków tak się dzieje
Być może jest to pokutą
Zmagania życiowe nadzieje
Przeplatane złem i butą.

Człowiek z nijakiej przyczyny
Stwarza zgrzyty nuklearne
W dążeniach do dobrobytu
Niestety tak często efekty są marne.

Wymogi życiowe

Wymogi zależą od życia
Chęć bycia tańczenia i picia
Puchną nóżki ciekną poty
I zdarzają się zawroty.

Gorzej jak trafi to na nieboge
Tak naprawdę co ja mogę
Chlebek ciekłą wodą popić
W myślach własnych się utopić.

Mogę się udzielać w bandzie
Sprzyjać klaskać propagandzie
Pieska kotka adoptować
I beztrosko czas marnować.

Być dosłownie nieugiętym

Na gilotynie być ściętym
Nagle los mi figla nadał
Zostałem złapany na radar.

I wypłatę mam już z głowy
Kara za myśli szybkości
Co się nie robi dla ludu
W ramach miłości dobroci i cudu.

Niesnaski

Z dawien dawna jak wieść niesie
Życie toczyło się w środku lasu
Nie było takiej techniki
A na dziwne sprawy czasu.

Obce były głośne huki!
Czy wybuchy atomowe!
Przypadało po tępym nożu
I jednym łuku na głowę

A obecnie to tak wygląda
Technika zaszła wysoko
Zrzucą bombę i jest dym
Chcesz oddychać - tylko czym?

Bezradności

Czas udziela się w naturze
I na dole i na górze
Dotyczy to Kosmosu i Ziemi
W ciągu dnia i jak się ściemni.

Czas - to sekundy minuty godziny

Coś nijakie bez przyczyny
Oznaki radości miłości
Czy typowej bezradności.

A króciutko i nawiasem
Samo życie walka z czasem
Prowadzona tak wytrwale
Nie kończy się na karnawale.

Granice

Określenie istoty granicy
Wysiłki spełzają na niczym
Pewne jest że to zagadnienie
Wszystkich dziedzin życia dotyczy.

Graniczymy w życiu z obłędem
Wydaje się że wszystko posiądę
A co jest najbardziej ciekawe
Nici z tego na dobrą sprawę.

Spieramy się z czymś co nie istnieje
Z tym co jest zakodowane w umyśle
W poczuciu tożsamości i winy
Z bytem własnym nieznanej przyczyny.

Lud

Czy aby tak dla własnej wygody
Podzieliły się narody
Na silne bogate niezłomne
I na biedne upiorne bezprzytomnie.

Tak właściwie to istnieją dwa światy

Świat biedny i ten drugi bogaty
Pan sługę batem po grzbiecie smaga
A coraz więcej od poddanych się wymaga.

A pomyśleć bezstronnie i bezpiecznie
Nikt z nas żyć nie będzie wiecznie
Nie zabierze w dal ze sobą złota i srebra
Pan bogaty jego sługa czy żebrak.

A kończy to się wszystko w dobrej wierze
Nic dziwnego   wyprostowany leżę
A duszyczka się ode mnie umywa
Beztrosko w przestrzeni pływa.

Dwulicowość

Dwulicowości płaska nieczuła płocha
Zapatrzona we własne chcenia
Nie dbająca o normalności pozytywy
Ciągłe zdrady zwady sprzeciwy.

Popatrzeć na sprawy zasadniczo
Jestem Ja - inni tutaj się nie liczą
Skazani na spalenie na stosie
Utuczeni we własnym losie.

Wiadomo że prawdy nikt nie kupi
Za największe sumowe talary
Ktoś jest taki i nigdy się nie zmieni
Odejdzie biedny niemądry i stary.

Dzień ostatni

Och jak fajnie - dzisiaj jest bal

Moc kwiatów szczebiotu i chorągiewek
Ludzie wznoszą do góry ręce
Okolica ogarnięta gromkim śpiewem.

Nagle grzmot przerywa imprez łaski
Pojawił się ogromny smok bez maski
I wszyscy truchleli jak jeden
A potwór miał głów tylko siedem.

Szarość głucha i nocy i cień
Jedna dusza przypada na jeden dzień
Coś takiego zaprząta głowę
Co sprawiły wynalazki atomowe.

Czy uda się?

Ktoś wymyśla różne cuda
Uda się czy się nie uda?
Domem naszym jest przyroda
Wpadł na pomysł i coś dodał.

Stało się to dawno temu
Uczona para Skłodowskich Curie
Wynalazła coś chemiczne
Które powoduje furię.

Atomowa propaganda!
Skorzystała z tego szachu
I dodała do atomu - oficjalnie
Stąd teraz tyle obciachu.

Ściany lecą nie ma dachu
Wybuchło i każdy przywyka
Bez pochówku człowiek znika

Niecodzienna polityka.

I zbyteczna jest już taca
Najgorsze że nie ma kaca
Teraz wszystko jest niczyje
Tylko dym siwy się wije.

Siekiera i młot

Jeden niebywały spot
Siekiera plus ciężki młot
Jak skojarzyć to z odruchem
Raz siekierą raz obuchem.

Obecnie to ci mili grzeczni
Najbardziej są niebezpieczni
Czują się we własnej glebie
Decydują dziś za ciebie.

Jak się czuć na dziada łasce
Młody a niemądry duży
Łazi przy drucianej lasce
W zasłoniętej własnej buzi.

A na wadze pięćset funtów
Na logdałnie się utuczył
Rok do setki mu brakuje
Rozumu się nie nauczył.

Kac

Miej odwagę przyjacielu
Bywa że pustki w portfelu
Pomyśl zdobądź się na odwagę

Wejdź do sklepu - zakup wagę.

To jest zakup bardzo fajny
A to sprawiły lockdowny
Chleba kromka kufel piwa
A na wadze wciąż przybywa.

Otyłości puchną nerki
Bolą płuca - stąd rozterki
Na ekranach grozy nawał
Z braku ruchu - serca zawał!

Przepisali waści maści
Co jest zwykle wielką chemią
A widzowie podnieceni
Dobrze że wszyscy nie drzemią.

Podgląd

To mi na dziwne wygląda
Ktoś mnie cały czas podgląda
To co czuje tak mnie wzrusza
Z pewnością to moja dusza.

Myślę często   jestem zuch
Szkoda że nie mam siły za dwóch
Żałuję że nie jestem bocianem
Często nie wiem co jest grane.

Zdarza się że sił brakuje
Znaczy gorzej się powodzi
Kontaktuje się z duszyczką
Pytam   o co tutaj chodzi?

Duszka rzekła słuchaj waści
Rozsądnie używaj pastylki i maści
Rób pompki rowerem pędź zwinnie
A myśl tylko pozytywnie.

Utopia

Gdzie jest sens logika może?
Rzucić się na biedę z nożem
Patrząc biedzie prosto w oczy
Całe życie walkę toczył.

Gość miał chyba biedy dość
Często mu dawała w kość
Postanowił się rozprawić
Próbuje bidulkę zabić.

Unicestwić biedę taką
Teraz czuje się nijako
Stracił wszystko szansę pobyt
Wziął pożyczkę na dobrobyt.

Swoja bieda jeszcze ujdzie
Pracą można to wyleczyć
Ale mieć się na baczności
I wcześniej się zabezpieczyć.

Los

Los tak chciał i miał w tym cel
Myśli podsunął   w łeb sobie strzel!
Co tam   Ziemia ciebie przytuli
                  Jako bohater zginiesz od kuli!

Z tego myślenia coś tam wynika
Poszedł na wojnę na ochotnika
Za niezłą kasę tam się udziela
Każą zabijać - ot sobie strzela!

Pech chciał że nabój się zawieruszył
Wpadł mu do mózgu i się rozjuszył
W głowie powstała straszna roszada
Zgłupiał na amen - do siebie gada.

Serce stanęło - umarł nad ranem
Zrozumiał teraz - ma przechlapane
Los mu wypisał słowa na czole
Zadowolony jesteś matole.

Dawać i brać

Dawać i brać - prać i brudzić
I udawać uczonego
Naubliżać sobie gęsto
I otrzymać krzyż za męstwo.

Był geniuszem   z trybuny przemawiał
Wygonili   wtedy nawiał
Zmienił pracę   na tacę nie płacił
Sam siebie rozgrzeszył i sobie przebaczył.

A co w tym temacie jego duch
Bo praktycznie to było ich dwóch
Ten swojego ja tylko słucha
Przyjdzie dzień to wyzionie ducha.

Bez ducha pokaż co potrafisz
Nie odnajdziesz nawet własnej chałupy

Bez ducha drogi przyjacielu
Nie ruszysz nogą i nie podetrzesz d...

Ubolewanie

W ubolewania niemałym trudzie
Zło wymyślili zwyczajni ludzie
Przeciwko sobie wiadome cele
Żeby napełnić własne portfele.

Straszenie ogniem piekłem torturą
I czarnym diabłem w smolistej chmurze
Trzeba pomyśleć sprawę rozważyć
Za co nas będą w otchłaniach smażyć.

Źle się wyrażam - za wszystko płacę
Wypiłem flaszkę - straciłem pracę
Ktoś mi z pensyjki grosiaka urwał
A czy to z mojej wina ta k...

Na tacę skąpił - myślał inaczej
Kogoś potrącił - zarobił w glacę
Sąd go osądził - poszedł do ciemnia
Piekła nie było - to ktoś tak ściemnia
To piekło w piekle przeżywa Ziemia.

Reinkarnacja

Reinkarnacja czeka każdego
Tylko nie wiadomo kiedy
Żeby mocno nie bolało
I znowu nie wrócić do biedy.

Być cesarzem w tamtym życiu

Na tronie za złotym stołkiem
A teraz w obecnym wcieleniu
Być sługą a gorzej pachołkiem.

Być może i tak się zdarzyć
Ba spotkać się z losem takim
Całe życie był abstynentem
W nowym wcieleniu pijakiem.

Kim będziemy po życiu nie wiemy
Rycerzem czy świnią w chlewie
Sportowcem czy najemnikiem
Byle nie być politykiem.

Na sobie polegać

Ktoś twierdzi że Ziemia jest płaska
A taca to nie to co łaska
Że robota to nie praca
A góral to musi być Baca.

Na sobie polegać się powinno
Z pewnością zajedziemy dalej
Pomyśl i nie dodawaj gazu
Zanim ruszysz to paliwa nalej.

Grać rolę życiową to frajda
Być kimś kim być się powinno
Raz chłopem raz udawać kobitę
Ale broń Boże w ówczesnym świecie
Skorumpowanym być politykiem.

Sztućce

Prawda zwykle w oczy kłuje
Nie śpi nie je ale czuje
A wyfrunąć może wkrótce
Jeśli chodzi o zwykłe sztućce.

Łyżki noże i widelce
Od dziś zawiedzione wielce
Aby uniknąć unicestwienia
Odwróciły się od jedzenia.

Sztućce walczą o podwyżki
Niczym drobne kościotrupy
Odmówiły posłuszeństwa
Dość służenia dla mięsa i zupy.

Garścią zjadać z miski zupę
Bez widelca sobie radzić
Niechybnie to trzeba rozważyć
Bo się można w język sparzyć.

Dla Krzysia

Tak niedawno były Chrzciny Krzysia
Krzysiowi umknęło 90 dni
Krzysio rączętami macha
I beztrosko smacznie śpi.

A słoneczko zza firanki
Spogląda na Krzysia po trochu
Mamusia Krzysia zaraz nakarmi
Pobudeczka   witaj śpiochu.

Krzysio przeciera oczka zaspane
W mig zrozumiał co jest grane
Chwilkę porozmawiał z Tatą
Zaśmiał się - puścił Mamusi oczka
Wartko zaczął ciągnąć smoczka.

A co widzimy na tym ujęciu
Wnuczka Krzysia na pięknym zdjęciu
Babcia z zachwytu prawie że pieje
Dziadek jest dumny
                    Dziś to się dzieje
                    2021 r.

Moje drzewko

Sam na sam z drzewkiem przed balkonem
Rozmawiam myślowym - półszeptem
Moje drzewko doskonale mnie rozumie
Że prawdziwym przyjacielem jego jestem.

Moje drzewko gałązkami porusza
Listeczkami na gałązkach huśta
W wyobraźni widzę jego ogrom
Zieleń skromną śmiejące usta

Moje drzewko rosnące na górce
Od zarania towarzyszy chmurce
Nawet wiatru silnego się nie lęka
Nie kaprysi nie narzeka nie stęka.

Moje drzewko jest twarde niczym tytan
Codziennie o poranku z nim się witam
Z wzajemnością kiwa ku mnie gałązkami
Odpowiada serdeczności nawiązkami.

Żyć marzeniami

Dążenia i niedosyty
Moc proszeń niezbędnych ponagleń
Najsłodsze ze wszystkich to bratnie
Nie pierwsze i nie ostatnie.

Kto marzeniami żyje
Nie pali alkoholu nie pije
Pracuje nie we wszystko wątpi
A miejsca w tramwaju ustąpi.

Marzenia o lepszym jutrze
O samochodzie i futrze
O pierwszym miejscu w balecie
Po pierwsze po drugie po trzecie.

Poczucie że kiedyś już byłem
Sto lat temu być może przed rokiem
O honor za Ojczyznę walczyłem
W marzeniach z bestialskim smokiem.

Dziwne

Temat drąży się przewlekle
Wirus pojawił się w piekle
I to nad samiutkim ranem
Komuś będzie przechlapane!

Stary diablo wyjrzał z ciemni
Smołę w kotle uzupełnił
I od razu się domyślił
Że wirus przyfrunął z Ziemi.

Stary wirus w czarnej masce
Garbaty przy złotej lasce
Wydaje się głodny zziębnięty
Podejrzliwie uśmiechnięty.

Diabełek piekielny nie głupi
On takiej zarazy nie kupi
A żeby grosiki ulepić
Musowo wirusa zaszczepić.

A szczepionka zadziałała
Wirus zmalał aż do zera
W kotle z rozgrzaną smołą
W siedmiu stopniach skali Fajzera.

Technika obecnie

Technika osiąga wzloty
Doszło nawet do nadużyć
Wszystko czego tylko zapragniesz
Możesz mieć i się zasłużyć.

Chcesz wymienią nawet głowę
Serce płuca i śledzionę
Żonę co już nie pobije
A teściowa stopy myje.

O nic się teraz nie musisz bać
Znikły problemy ze spaniem
Z pożywieniem oddychaniem
Tylko problem z załatwianiem.

Nic trudnego

Nic trudnego sami wiecie
Pogodzić się z własnym losem
Zdecydowałem się pofrunąć
Zatęskniłem za Kosmosem.

Wcale tego się nie wstydzę
Dobrze się w Kosmosie widzę
Ale co powiedzą ludzie
Jak coś mi w locie źle pójdzie.

Ale mam to na uwadze
Swój honor dumę w przyczynie
A jak mi się noga podwinie
Czy Ziemia z powrotem mnie przyjmie?

A może jednak pod własnym daszkiem
Napiszę wierszyk lub luźną fraszkę
Co najbardziej jest skuteczne
Niż spadanie niebezpieczne!

Plan istnienia

Codzienność zwyczajnie ludzka
W działaniach pogrążone dążenia
Rezultaty przemijania i kulturą
Ze samym sobą zgodnie z naturą.

Nieprzewidziane zdarzenia losowe
Rodzące się grozy i oszustwa
Powielane propagandy i naciski
Nieład strach - atomowe przyciski.

A istnienie jest formą ciągłej zmiany
My aktorzy i widzowie w coś gramy
Pozytywne i negatywne role
Normalności zatracając symbole.

Sami sobie

Światowe konferencje i szczyty
Wymyślono dobrobyty
Od zaraz od dzisiaj i wstecz
Bieda musi odejść precz.

Powstał problem - taka bieda
Słaba a wygnać się nie da
A myśli jak dobro powiększyć
By życie biedakom upiększyć.

Zastanówmy się

Warto by się zastanowić
I rozważyć co się stało
Tylko zrobić to rozsądnie
Żeby serca nie wyrwało.

Czas jest nieubłagany twardy
Wzrasta popyt na petardy
Atomowe neutrony
Postęp techniczny wdrożony.

Produkcje strachu dziś modne
Dla elit bogatych wygodne
Produkcje lęków i zgrzytu
Sięgają niemal zenitu.

Boje toczą się zażarte
Między kłamstwem i dobrocią
Korzystniej byłoby się wstrzymać
I nie dać do końca wydymać.

Sknera

Musieć być niemałą sknerą
Wymyślić coś takie jak zero
I okropnie skąpym być
Stworzyć coś takiego nic.

Wymyślił zero   jak on tak mógł
        Co niektórych ścięło z nóg!
        Część wrzeszczała wniebogłosy!
        Łysi wyrywali włosy!

Nagle zrobiło się dziwnie
Stan nerwowy i napięty
Gdzieś w przestworzach w smugach światła
Rozległ się głos lękiem przejęty.

Strach mrok i bezlitosne cicho
Wylądował Święty Zdzicho
Przemówił do zgromadzonego ludu
Zero jest rodzajem cudu.

Bez pracy nie ma kołaczy
Dlatego zero tak znaczy.

Plusy sportu

Dążenie do dobrego zdrówka
Największym wyrazem komfortu

To że jesteśmy młodzi i sprawni
Zależy od sławnego sportu.

Sport to zdrowie rozrywka frajda
Wiele daje do myślenia
Ktoś kto trenuje biegi
Jest w stanie przegonić jelenia.

I pomyśleć - aż dziw bierze
Smukła pani na rowerku
W gimastyce doświadczona
Z otyłości wyzwolona.

Gdy dotkniemy sprawy sedna
Prawda jest jedna tylko jedna
Krok w krok ze sportem morowym
Świat mój jest idealnym i zdrowym.

Nic mnie nie dziwi

Nic mnie nie zdziwi
Co za tym idzie
I do myślenia dużo to daje
Jak w dobrobycie bieda powstaje.

Coś tu jest prawdą
Stąd tyle szumu
Bieda jest biedna
Bo siebie nie zna.

Kłopot w temacie stwarza się większy
Ktoś jest cyniczny pewnie mądrzejszy
Temat szeroki to pewien przydział
Każdy ma rozum choć go nie widział.

Jak dobrobytem biedę zastąpić?
Sprawa jest prosta nigdy nie zwątpić
A co najbardziej może się przydać
Więcej zarobić jak najmniej wydać.

Reżim

Ktoś dowiódł że taki reżim
Wynalazł ktoś kto już nie żył
By życie ziemianom upiększyć
A przy okazji się zemścić.

Ktoś za życia był krytykiem
I uprawiał politykę
Dowodził własne teorie
Wpadał w częste euforię.

A stało się co nie musiało się stać
Kto chciał z niego przykład brać
Przy reżimie wszyscy blednią
Umarłemu wszystko jedno.

Na zielono

Wydarzenie niezmiernie ciekawe
Przyjechali kosić trawę
Obsługa jest okropnie wkurzona
Bo trawa nie jest zielona.

To jest straszne - kto to słyszał
Kosić trawę bez koloru
Okaże się grzechem śmiertelnym
Nie sposób być tak bezczelnym.

Wiadomości w eter poszły
Szybciej niźli nam się wydaje
Co niektórzy się zdziwili
Niestety ze skutkiem odwrotnym
Bo kolory pomylili.

To nie stało się przypadkiem
Byłem tam naocznym świadkiem
Widziałem tę rzecz co się stała
A trawka aż posiwiała.

Żale

Żal na trzeźwo czy po wódce
O coś do kogo i po co
Najlepiej jest żałować we śnie w nocy
Wtedy oczy się nie pocą.

Idealnie żałować to znaczy jak?
Prosto krzywo czy na luzie
Czasem lepiej zastopować
I po prostu zamknąć buzię.

Głupi mądrego zrozumie
A bo co mu tam zależy
Jak się ma zachować mądry
Czy do końca w to uwierzy?

Czekam

Na co tak naprawdę czekam
Spoglądam w niezmierzoną dal
Czego pragnąłbym dokonać

A czego tak bardzo mi żal.

Mój świat i dobra niczyje
Ale coś się nieznanego za tym kryje
Moja tęsknota w baśniowych gustach
Pobudka - wybiła szósta.

Tak wiele

Być sobą w tym znaczeniu tak wiele
Walczyć o własne przetrwanie
Znaczyć wróżyć przekonywać
Odpowiedzią i pytaniem.

Nasz los jest żeglarzem upartym
Rzeczywistości własne buduje
Los rozdaje tu karty
Co nastąpi decyduje.

Mijają lata nikną epoki
Ksiąg zapisanych szare stronice
Ale nikt tak naprawdę nie wie
Co jest właściwie prawdziwym życiem.

Teraźniejszość

Teraźniejszości dowodzi
A co mnie może obchodzić
Co jutro może się stać
I mam się czegoś bać.

Że Ziemia traci obroty
Być może z orbity wyleci
Mleko wykipi w garnuszku

Kosmici siądą na plecy.

I rankiem się mogę zniechęcić
Poróżnią się klepki na mózgu
A w ramach zadanej pokuty
Ktoś tyłek schlasta rózgą.

Czy z jutrem zawrę przymierze
Dotrwam siłami i w wierze
Spoglądam na zegar ścienny
W grze czas   mój dar bezcenny.

Natura i my

Kolejne procesy dziejowe
Oblicza ziemskiego globu
Przemijające cywilizacje
Apokalipsy chorobą.

Ludzkość osiągnęła szczyty
Trwa walka o dobrobyty
A co się za prawdą kryje
O coś co tak niczyje.

Uczestniczę w tym teatrze
Aktorem jestem i widzę
Cieszę się martwię pożądam
Udaję że czegoś nie widzę.

Dążność i zapędy ludzi
Wiele grozy w świecie budzi
Natury nie oszukamy
Chociaż bardzo się w tym staramy.

Rocznica Ślubu - czterdziestka

Mamy do czynienia z czasem
Nikt doprawdy w to nie wątpi
Nasz czas jest prawdziwą wolnością
Życiem prawdą szczęśliwością.

Czas to chwile i pocieszka
Dzisiaj jest właśnie czterdziestka
Rocznica Ślubu Stasia i Tereski
Ze szczęścia aż ronią się łezki.

Dzisiaj tak wiele się dzieje
I wszyscy mamy nadzieję
W tej niebywałej świątecznej krasie
Polecamy się fantazji w czasie.

Kochane Wnuczki Dzieci Rodzice Przyjaciele
W tą piękną wrześniową niedzielę 2021 roku
W uniesienia wielkim darze
Życzą szczęścia Młodej Parze.

Dużo zdrowia pomyślności i radości
W czasie bycia   Sto Lat życia
A co najbardziej buduje
Tereska ze Stasiem dziękuję
Rodzinie i Przyjaciołom
A więc bawmy się wesoło.

Spotkania rodzinne

Na świecie dzieje się cudnie
Rześki poranek słoneczne południe
Dzionki świetne i jaskrawe

Niosą humor i zabawę.

Zatrzymajmy się na chwilę
Przez kilka dni w Lawrenceville
Były obchody czterdziestki zamęścia
Królowej Tereski i Stasia Pyska Księcia.

Niespotykane wyśnionych myśli fontanna
Naczelnym Bossem jest Królewna Joanna
Córeczka Tereski i Stasia Pyska
Coś modnego jak igrzyska.

Szczera prawda - stąd liczne dowody
Pływackie igraszki zawody
A rozrywki do oporu
Zdarzały się kapeczki horroru.

Wtorek - deszczyk ziemię rosi
                    Zostań z nami Asieńko prosi
Cóż Joasia wyfrunęła z Lawrence
W górę serca Córeczko w podzięce
Szczęśliwego lotu na Nieba błękicie
Fantazji i humoru rozkwicie.
2021 r.

W sam raz

Skąd się pech typowy bierze
Jak w rzeczywistości działa?
Przypadkowa mała zmyłka
I żółć w środku się rozlała.

Czy to aby nie jest ściema
Żyć a udawać że mnie nie ma?

Czy zalicza się do pecha
Ktoś umarł a się uśmiecha.

Zdarzają się myślowe wyboje
Co twoje zarazem i moje
Lipiec łyżwy twardy lód
Wygrywa zawodnik bez nóg.

Pech to problemy i niedosyty
Przestrzegam biorących kredyty
Zadłużeni mają kaca
Pech się tutaj nie opłaca.

Emigracja

Czy emigracja jest przypadkowa?
Nowa terapia życiowa
Coś co znałeś od tak dawna
Trzeba zaczynać od nowa.

Emigranci to istoty ludzkie
Które pragną zmiany bytu
Trochę może z ciekawości
W dążeniach do dobrobytu.

Myślę że emigracja znaczy
Bez różnicy dla bogaczy
Biedni również mają zyski
A na dodatek odciski.

Czego nie widać

Mogłoby się tak w końcu wydać
Ujrzeć to czego nigdy nie widać

To co wydaje się najlepsze
Zwyczajne atmosferyczne powietrze.

To coś ujrzeć - co jest tak ważne
Co nie przykuwa mojej uwagi
To z czym żyjemy na co dzień
Jedyny życiowy dobrodziej.

Bez powietrza nie przekręcisz się na boku
Nie uronisz nawet łezki
Zabrakło powietrza na moment
Ostatnie życzenie i deski.

Dowiem się

Czego się dowiem jak korknę
Innymi słowy odejdę do nicości
Stracę wszystko co osiągnąłem
Uciechy
      skarby
           miłości.

Czy kiedyś zrozumiem dlaczego żyłem
W jakim celu się urodziłem?
Dorastałem i obrastam w piórka
Czy czeka mnie tam powtórka?

Istnieć zdaje się koniecznością przetrwać
W planach kogoś niebo czyściec piekło
Lęk przed czymś może ziemską powtórką
Jak już - to chciałbym zostać wiewiórką.

Do skutku

Prawdziwie i aż do skutku
Radą jest zaniechać smutku
A zdróweczka nie utracać
Radości w sercach wzbogacać.

Wolność prawość i zabawa
Radość to jest wielka sprawa
Grzmi orkiestra brzęczą struny
Rośnie pociąg do tańca i dumy.

Obojętnie o porze której
Uśmiech na buziach czupryny w górę
To co w życiu jest najważniejsze
Dbać o siebie i kulturę.

Rozmyślania

Co kombinować rozmyślać czaić
Grunt to do siebie się przyzwyczaić
W razie potrzeby pasek stosować
Własnego mózgu w piasek nie chować.

Rankiem się witać i żegnać przed snem
Jest mi tak dobrze - ze sobą jestem
Wcale nie muszę iść na łatwiznę
W lusterku widzę swoją podobiznę.

Dobrze się miewam i sobie wierzę
Wcale nie muszę czy dobrze mierzę
Nikt mi mojego Ja
                Nie odbierze.

Twierdzenie

Ktoś twierdzi że świat jest jeden
A dni w tygodniu jest siedem
Dzień każdy graniczy z nocą
A oczy się we śnie nie pocą.

A w życiu tak ważna jest zgoda
Charakter do tego uroda
I stosy grosiwa z wypłaty
Mam szczęście że nie jestem pyskaty.

Trwa spór i typowa monotonia
Na przestrzeni tak wielu lat
Każda istota na Ziemi
Posiada swój własny świat.

Ciekawostki

To ciekawe że w naturze
I na dole i na górze
Nie omijają nas sprawy
I malutkie i te duże.

Szkoda że lato ucieka
Jesień nadchodzi nieubłagana
Pogodowe są usterki
Modne stają się sweterki.

A w następstwie tak to wygląda
Zima do okien zagląda
Wiązka mrozowa radosna
Wnet odezwała się wiosna.

Witaj wiosenko nie żałuj ciepła
Przywitaj wspaniałą przyrodę
Otocz słonecznym rumieńcem
Kwiecia łąkowe i wodę.

Nowy ład

Ktoś na złudny pomysł wpadł
Wprowadza się nowy ład
Dziwnym działaniem i karą
Robienie kogoś na szaro.

To coś związane z przymusem
Często do refleksji zmusza
Ktoś próbuje świat odmienić
Ba cofnąć do epoki Zeusa.

Ostrożnie się należy wypróżniać
Wystrzegać koloru żółtego
Ze spłatą daniny nie spóźniać
Pretensję mieć do siebie samego.

Umartwiać się ktoś zaleca od rana
Twarz szczelnie ma być zakryta
Elicie to ulgę przyniesie
Im szybciej wyciągniemy kopyta.

Dowody

Teoria w praktyce dowodzi
Że alkohol zdrowiu szkodzi
Tak bardzo na tyle o ile
A nogi pozostają w tyle.

A nie ma się o co spierać
Wódka może sponiewierać
Często zrobić wielką szkodę
Przykładowo w mózgu wodę.

Picie wódy poza pracą
Cierpienia żałości na kacu
Jak tej bolączki uniknąć
Od procentowej odwyknąć.

Z Okazji Urodzin Tereski

Początki spokojnej jesieni 2021 roku
Trzeci październik zawitał
I z mocą tak niepojętą
Oznajmił że dzisiaj jest Święto.

To dzisiaj jest nietypowa odmiana
W tak piękną niedzielę jesieni
Rocznica Urodzin Naszej Tereski
Którąś datą niezwykłą z kolei.

Wiek młody i piękna niewiasta
Czas biegnie jak zwykle i basta
A co tam że roczek przemknął
To tylko czasowa namiastka.

Życzymy Tobie Teresko w dnia nowiu
Przyszłości w szczęściu i zdrowiu
Wszystkiego o czym tylko zamarzysz
W duchu nadziei spełnienia marzeń.

My wszyscy jak paczka zgrana
Rodzinka Przyjaciele pamiętamy

I bardzo gorąco pozdrawiamy
Jesteśmy z Tobą Teresko sercem i myślami.

Wziąć pod uwagę

Ranek obudził się przetarł brzaski
Takie to proste czy się wydaje
Noc odpłynęła a wraz z nią sen
Kolejny zawitał dzień.

Zaczęła się krzątanina jak codzień
Nie zawsze we własnej wygodzie
Przypadkowo ktoś się pomyli
Wykąpie się w suchej wodzie.

A co najgorsze   a często tak bywa
Do baku wraku nie wlał paliwa
Na awaryjnych światłach lży z cicha!
I z żalem własne autko popycha.

Wziąć pod uwagę ku swojej wygodzie
Wiaderko wody zimnej na głowę
Dobrego startu tajemny rąbek
Sto przysiadów dwieście pompek.

Rocznica Urodzin Justynki

Złotej jesieni nowe wydanie
Październik błyszczy jak malowanie
Świerki kłaniają się zamaszyście
W powietrzu żwawo figlują liście.

8 październik 2021 roku jest ważną datą
Wszyscy się szczerze zgadzamy na to

Z Okazji Urodzin Justynki
Składamy świeże w bukietach kwiatki
Dla pięknej dziewczyny młodej mężatki.

W Rocznicę Urodzin Nasza Justynko
Tomaszek Krzysio Chrzestni i Dziadkowie
Z całą Rodzinką Przyjaciółmi i Gośćmi
Życzą Tobie Justynko szczęścia i pomyślności
Dużo zdrowia i wiele radości
Moc uśmiechów i samych słodyczy
Wszystkiego co sobie Kochana Justynko życzysz.

Gra na czas

Obłęd trwa jest grą na czasie
Postępuje z wielką siłą
Uczeni próbują wynaleźć
To czego jeszcze nigdy nie było.

Odkrycia na tle militarnym
Zmierzają ku Ziemi zagładzie
A roboty robią swoje
Wygląda to na paranoję.

Głowice jądrowe gotowe
Po cząstce uranu na głowę
A po wszystkim siwe dymy
I już się nie obudzimy.

Nic mi to

Nic mi to tak dobrze się znam
Beztrosko sam w sobie trwam
Sam sobie się staram nie podpaść

I z myśli własnych nie okraść.

Mniemam że coś z tego wyjdzie
Pożyteczne - dobrowolne - konieczne
Nastąpi coś nietypowe
Mądre troskliwe bezpieczne.

Cieszę się że słysząc siebie
Błądzę po błękitnym Niebie
Z własnym cieniem nie wojuję
Myślę trwam pamiętam czuję.

Dziwny zakup

Ktoś komu się dobrze wiedzie
Lubi być na samym przedzie
Ciągle pragnie się wzbogacić
Bywa tak że może stracić.

Pan księżyc kupił i bardzo tanio
Na zyski liczył może niemałe
Nie policzył kosztów lotu
Nabawiając się kłopotów.

Obecnie jest zatrwożony
Zatrzymał się na środku przestrzeni
I bardzo nieswojo się czuje
A przyciąganie kosztuje.

Nowe nadchodzi

Nowy ład zagląda do okien
Stare się z przyszłością zderza
Dotyka to nie tylko człowieka

Ale przeciętnego zwierza.

Niewidzialne zęby suszy
Wbija gwoździe w pewne mózgi
Udzielają się świrusy
Akceptuje się bambusy.

A co się za ładem kryje?
Co jest moje ma być czyje
Koniec z ubolewaniem i żalem
Bo jak nie to nie pochwalę.

Jesienna aura

Jesienna aura w pięknie się mieni
Chłodne poranki żywej jesieni
Ciepełko lata i w oka mgnienie
Odeszło nagle jak zapomnienie.

Jesień zmieniła oblicze Ziemi
Dni coraz krótsze raptem się stają
Drzewa targane porywistym wiatrem
Jak strun szarpanych dźwięki wydają.

To oczywiste   Jesień podąża
Usłana liśćmi w przedsionku zimy
Ale jest fajnie i się cieszymy
Aby do zimy.

Propaganda

Na szarych murach kamienic brudnych
Obwieszczeń hieroglifów nudnych
Twarze pokryte szarym brezentem

Wzrok bez wyrazu tyły wypięte.

Grzmi propaganda tysięczną modłą
Swołocz rozpędza czeladź uliczną
Wichrzyciel pastor polityk inny
Krzyżem i wodą chrzci karabiny.

Moim domem

Moim domem są marzenia w locie
Z szybkością wielokrotną dźwięku
Z połączoną świadomością się mienią
Skrupulatnie towarzyszące wspomnieniom.

Emigracji nieustraszonej losy
Rozczarowania i udręki cielesne
Skomlenia o byle jaką pracę
A mogło by być prościej i inaczej.

Emigracja pokoleń tak wielu
Jesteś gościem na własnym weselu
O suchym chlebie i wodzie bez wanny
W programie teściowa - nie uwzględniono panny.

Nawiedzenia

Nasz świat nawiedza wiele opcji
Różnych konfliktów i zatraceń
Tanich założeń do adopcji
Stereotypów i wypaczeń.

W sercach niemało trosk się mnoży
Umysły pogrążane w strachu
Szerzy się pole nienawiści

Bezładu smrodu i obciachu.

Do kogo?

Do kogo należy jutrzejszy dzień?
Do tego co łaknie zdobyczy
Co się zamienił w drzewny pień
Mamonę w kącie liczy.

Oj się na globie narobiło!
Tak się kolesi namnożyło
Tych co się chlubią we własnym guście
Wzorem szarańczy jak na odpuście.

A pozostało nam się nauczyć
Z teraźniejszości gwałty wykluczyć
Ze sfery istnienia duchowej
I tworzyć rodzaj po prawdzie nowy.

Trwa walka duchów aż kolebie
Wyraźnie ściera się w otchłaniach
Droga do prawdy stanie się łatwa
Kto da od siebie więcej światła.

Wymagania

Człowiek tak wiele stawia wymagań
Nie zauważa że świat się zmienia
Ciągle się uczy czegoś obawia
A co zdobędzie to nie docenia.

Trudne z łatwiejszym strony przeciwne
Czasowe napięcia wyroczni czasu
Grą harmonijną na różne strony

Przyciąga pamięć zmarłych miliony.

A życie z czasem źrenice ściemnia
Siły niestety ciągle ubywa
A własnej Ziemi tyle posiadam
Ile w moim bycie stopa pokrywa.

Emerytura zalety

Coś niczym bujania w chmurach
Moc skojarzeń się naciska
Ktoś kto jest na emeryturze
Czuje się jak na igrzyskach.

Ktoś kto jest w krainie marzeń
A nigdy uwiędły starzec
Może marzyć ile zechce
I nie wstawać jak się nie chce.

Wolno mu gderać o coś się spierać
A narzekać ile wlezie
I nie zapłacić kary
Za szybkości na rowerze.

Wolno mu lubić a coś nie lubić
Ma pełne prawo w lesie się zgubić
I swojego zawsze dopiąć
We własny tyłek się kopnąć.

Październik

Jesienna aura październikowa
Piękna przestronna i ugodowa
Listeczki drzewne błyszczą na wietrze

Ciepełko zdaje się coraz mniejsze.

Zauważalnie wcześniej się ściemnia
Pewnie obroty zmniejszyła Zienia
Opustoszały kwiatowe grządki
Zima się zbliża - stąd te porządki.

Ale jest pięknie - my to widzimy
Najprościej będzie dzwonić do Zimy
A na fejsbuku prośby wyróżnić
Zimo pozwalam - możesz się spóźnić.

Troszeczkę jesieni

Jesieni zacierając ślady lata czasu
Cieniem się snujesz i we mgle się spełniasz
Rzewnie żałująca obumarłych kwiatów
Człowiecze serduszka otuchą napełniasz.

Jesieni dumnie krocząca wielmożna
Dyniowe pola czasowym rozmachem
Unosząca dymne kartofliska ciernie
Płaszczem osnuta mglistym otulona szczelnie.

Jesieni wrażliwa mocą sentymentu
Jabłoni rosochatych posrebrzanych liści
Chłodnych poranków wyobraźnią szyta
Z każdym westchnieniem nadziei nas witasz.

Przy sobocie

Dziś sobota ale frajda
Nic że chmurno deszczyk siąpi
Wiaterek ochoczo figluje

Że jest weekend - to się czuje.

Babcia z Dziadkiem i małą Wnuczką
Z pieskiem na sznureczku przodem
W parku nad rozległym stawem
Karmią chlebkiem rybki w wodzie.

Dość siedzenia przed ekranem
Pichcenia tłustego jadła
Śmigać ścieżką na rowerku
Przy okazji pozbyć sadła.

Pokolenia

Po odeszłych pokoleniach wspomnienia pozostały
Liczne Imiona Ludzkie wyryte na pomnikach
Widoczne gołym okiem wśród cmentarnej ciszy
Co przekroczyły horyzonty doczesnego życia
Pozostawiając w pamięci światło jarzących się zniczy.

Nieskończoności wędrówki pokoleń znaczą
Dzieje życiowych nierozerwalnych więzi
Utrwalonych w pobożności i ludzkich dramatach
Przebytych drożyn krętych radości promiennych
Przebrzmiałych hymnów i zwiędłych kwiatach.

W dymnych oparach i zarazem promieni blasku
Unoszące się wzorem pokoleń ku nieskończoności
Na szlaku odejścia wymyślnej wskazówce
Pozostawiając po sobie ślad nieskończoności.

Adopcja

Adopcja zająca z pola

To nagroda żadna ujma
I to z góry zatwierdzone
Adopt narzuciła Unia.

I zaczęła się huśtawka
Wnuczkowi zginęła zabawka
Dziadziusiowi wypił flaszkę
Babuni zapodział kapcie.

W zagrodzie nastała trwoga
Przez adopcyjne wybryki
Jedyne wyjście dla staruszków
Emigracja do Afryki.

A czy to będzie wygodne?
W Afryce adopcje żyrafy są modne
A to ma swoją dobrą stronę
Bo od teraz zaszczepione.

Efekty starości

W życiu trafiają się wydarzenia
Ważne średnie oraz mniejsze
To co się stało teraz
W tym czasie jest najważniejsze.

Nie wygląda to najlepiej
Dziadzio stary ledwie dyszy
Na prawe oko nie widzi
Na lewe ucho nie słyszy.

W życiu nikt by nie pomyślał
Zestarzał się z własnej winy
I po prostu z tej przyczyny

Jest zawadą dla rodziny.

Sęk w tym jest - to Dziadek
Źle podzielił z Babcią spadek
Babci ostały się kłęby włóczki
Dziadkowi odchody suczki.

Zaduszki

Tak wiele myśli zawartych w księgach pożółkłych
Od dawien dawna gromadzonych w szafach
Opisujących dzieje epok barwnych
W mądrości wierze na historii faktach.

Świat jest odmienny czuły i odważny
Pewne zjawiska są sprzeciwem naszej wyobraźni
Nasz Świat jest postrzegany bytem materialnej troski
Nie jako duchowy prawdziwie w świadomości Boski.

Dzień Zaduszny osnuty ciszą i boskim spokojem
Powietrze mgliste Niebo czas sekundy liczy
Wraz ze wspomnieniami o tych którzy odeszli
I światłem jarzących się cmentarnych zniczy.

Styczeń

Brawo i styczeń mamy nareszcie
Stary Rok zakończyliśmy Sylwestrem
Ale nadzieja w tym właśnie tkwi
Przed nami jeszcze 365 dni.

Luty

W lutym plaży nie polecam

Ani jazdy na rowerku
Lepiej posłuchać bajeczki
Przy ciepłym kaloryferku.

Marzec

Za oknami deszczyk siąpi
Jest nadzieja że ustąpi
Znikają śnieżne poduszeczki
I harcują wiewióreczki.

Kwiecień

Kwietniowe ziąbki fora ze dwora
Świat w różowiutkich kolorach
Ptaszki śpiewają trawką zapachniało
Oj będzie się będzie od teraz działo.

Maj

Maj kojarzy nam się z Rajem
Słoneczko teraz raniutko wstaje
Jabłonie kwitną i serce rości
I rozkwitają pierwsze miłości.

Czerwiec

Gwiaździste nocki i słoneczne dni
To przeżywamy to nie jest sen
A najważniejsze to rankiem z rosą
Dla zdrowia w lasku pobiegać boso.

Lipiec

Urlop w lipcu ale frajda
Wyjeżdżamy gdzie kto może
Nad rzeczkę jeziorko nad morze
Plaża napoje i zimne lody
I siup na golasa do wody.

Sierpień

Niebo okryte błękitną szarfą
W przejrzyste wzory poukładane
W sadach rumiane złote jabłuszka
Na kolacyjkę obiad śniadanie.

Wrzesień

Wiwat wrzesień - piękna jesień
Puste pola zżęte kłosy
Białych brzóz powiędły listki
Nici pajęczyn pokryły wrzosy.

Październik

Skądś to jednak wszystko znamy
Złotej jesieni błyszczą kasztany
Świerki rozłożyste kolorowe liście
Wyglądają dumnie rześko zamaszyście.

Listopad

Zimniej pochmurno bardziej sierotno
Barwy zniknęły chlupocze słota
Świerszcze zamilkły

Las ogołociał.

Grudzień

Lasy zasnęły w bielutkim futrze
Mroźniejsze nocki i dzionki krótsze
A na choinkach świetlana łuna
To są uroki końcówki grudnia.

Dla Wiesi z Okazji Urodzin

Czas się nie pieści płynie beztrosko
Jest normalnością więc zauważcie
W dniu dwunastego stycznia 2021 roku
Wiesia skończyła lat siedemnaście.

A co najbardziej może ciekawić
Można cyferki łatwo przestawić
Siódemka z przodu jedynka z tyłu
Wszystko jest fajnie jakby nie było.

W Dniu Twoich Urodzin Kochana Wiesiu
Życzymy Tobie
Dużo zdrowia pomyślności uśmiechów
I co sobie życzysz - wiele.

Rodzinka Dzieci Wnuczki Prawnuczka
Bliscy Znajomi i Przyjaciele
A na dopisek Tereska i Stasio Pysek.

Nutki dla Joanny

W Chicago przy jeziorze Michigan
Pięknym miejscu Ameryki

Tam mieszkają nasze smyki
Dzieciaczki Tereski i Stasia
I Kochana Córeczka Joasia.

Mama Mama Mama Tereska
Wraz ze swoim mężem Stasiem
Bardzo kochają Córeczkę Joasię
Dzwonią dzwonią do niej ile da się
W każdym w każdym wolnym czasie.

Dzisiaj dzisiaj dzisiaj
Dziś są Twoje Joasiu Urodziny
Zdrowia szczęścia pomyślności
Tobie życzymy życzymy
I pijemy za Twoje Zdrówko
Nasza Kochaniutka Córeczko.

Asia Asia Asia
Kiedy jeszcze była mała
Na skrzypeczkach w rytmie w rytmie
Piękne piosenki wygrywała
Tańcowała z Mamą i Tatą
Jesteśmy jej wdzięczni za to.

Dzisiaj dzisiaj dzisiaj w 2020 roku
Kiedy Nasza Asia jest dorosła
Jest magistrem i na swój garnuszek poszła
I przyrządza pyszne hity
Co pobudza apetyty.

Tata Tata Tata
W górę pofrunął i bez mała
To Córeczka Joasia
Wiersze i fraszeczki jego editorowała

Skończyło się to odmłodzeniem
Nowym pisarskim natchnieniem.

Dzisiaj dzisiaj dzisiaj właśnie w tym momencie
W tej listopadowej pięknej dobie
Raz jeszcze wszystkiego
Co sobie zapragniesz
Joasiu Życzymy Tobie.

Przesyłamy pocałuneczki
Dla Joasi Naszej Najukochańszej
 Córeczki.

Moc gorących życzeń dla Joanny w Rocznicę Urodzin 14 - Listopada

Dumnej jesieni wydania nowe
Poranki świeże listopadowe
W powietrzu listki lśnią kolorowo
Ślicznie przytulnie super morowo.

To coś nowego dobrze się składa
Dzisiaj czternasty dzień listopada 2021 roku
Jest niespodzianką i ku pamięci
Musimy ważny temat nakręcić.

Asieńka buźkę ma uśmiechniętą
Bardzo szczęśliwa - Dziś Jest Jej Święto
Wszyscy w komplecie całej Rodziny
Gromkie wiwaty wesołe miny.

Życzymy Tobie Droga Joasiu
Dzisiaj z Okazji Twoich Urodzin
Dużo zdróweczka pomyślnych zdarzeń

Spełnienia wszelkich najskrytszych marzeń.

Niechaj szampana strugi popłyną
I w górę serca echo odpowie
Sto lat sto lat sto lat niech żyje żyje nam
Wznosimy razem toast za zdrowie
Naszej Kochanej Joasi
Dzisiaj i teraz i w każdym czasie.

W Rocznicę Urodzin Tomaszka

Poranek 24 marca 2020 roku
Otrzymujemy dobre nowiny
A najważniejsza oczekiwana
Dzisiaj Tomaszka są Urodziny.

A więc to Wielkie Święto Tomaszka
On jest wspaniały to duma nasza
Wyrósł i zmężniał
Ukończył studia i wie już wszystko.

W swojej przyszłości ma wielkie szanse
Ciągłe pochwały w pracy awanse
Dumna z Tomaszka Mama i Tata
Asia z Klaudią Darusiem Kaią Dominikiem
I cała Rodzina.

Dwudziesty czwarty marca to ważna data
Nowy rok życia Tomaszek zaczyna
Jesteśmy z Tobą Drogi Tomaszku
Życzymy Tobie dużo dobrego.

Szczęścia Zdrowia i Pomyślności
Niech Duch Miłości w Twoim sercu gości

Ze Szczęściem w parze każdą godzinką
I Bądź Szczęśliwy Razem z Justynką.

W Rocznicę Urodzin Klaudii

Droga Klaudio życzymy Ci
Dużo Szczęścia Zdrowia i Radości
Spełnienia wszelkich marzeń
W kolejności miłych zdarzeń.

W dniu 13 czerwca 2020 roku dnia wiosny
W czas tak miły i radosny
Śpiewają dla Ciebie ptaszyny
Od ranka już długie godziny.

Kłaniają się kwiaty i gałązki
Sosen dębów i leszczyny
W Polsce i w Stanach
Z samego rana.

Pozdrawiamy Tereska i Stasio Pysek
Asia Tomaszek Daruś Kaia Dominik
I cała Rodzina z troską
Bądź Zdrowa Klaudio z pomocą Boską.

Z Okazji Urodzin Klaudii

Dzisiaj jest trzynasty czerwca 2021 roku
Nadzwyczajny dzień fantazja
Urodziny Klaudii
Specjalna to jest Okazja.

Klaudio Życzymy Tobie wszystkiego najlepszego
Niechaj Ci się w życiu szczęści

Wesoło i znakomicie
Wszystkiego dobrego co niesie życie.

Sukcesów w pracy
I smakołyków pełen półmisek
Cała Rodzina i Tereska i Stasio Pysek.

Urodziny Dominika - 13 Czerwiec

Trzynasty czerwiec 2021 roku
Po trzecie drugie i pierwsze
Dziadek Stasio pisze wiersze
A co z tego wynika
To jest wiersz dla Dominika.

Dominik to chłopiec wesoły
Nie spóźnia się nigdy do szkoły
Odrabia zadania domowe
A wszystko ma zawsze gotowe.

Słucha Mamy oraz Taty
Czyta książki buduje domki z klocków Lego
Gdy dużą wiedzę posiądzie
Świetnym inżynierem będzie.

Dużo zdrowia życzy Ci Babcia
Zimno w nóżki biegaj w kapciach
Pewnie będziesz milionerem
Prześcigniesz Dziadka rowerem.

Sto Lat Sto Lat Dla Dominika
Niech duży rośnie wysoko bryka
A w odwiedziny chociaż na chwilę
Przyfrunie do Lawrenceville.

Rocznica Urodzin Dariusza

Urodzeni 22 czerwca w lato 2021 roku
Wiodą życie przyjemne i morowe
Bardzo dobrze im się wiedzie
Po prostu na zawołanie
Z Bogiem idziemy nic się nie stanie.

Wznieśmy toast że tak powiem
Dzisiaj za Darusia   Szczęście i Zdrowie
Sto lat dwieście tysiąc trzysta
Z Okazji Urodzin oczywista.

Dariuszu jesteśmy z Tobą
Niech z Twojej buzi uśmiech nie znika
Pozdrawiamy Rodzinę Wspaniałą Żonę Klaudię
Córeczkę Kaiunię i Synka Dominika.

Dla Joli w Rocznicę Dnia Urodzin

Dziś w dniu tak ważnym 2019 roku
Nie da się ukryć widać po minach
Mamy okazję spotkać się wszyscy
U Naszej Joli na Urodzinach.

Wszyscy jak jeden ze zgodną wolą
Jesteśmy z Tobą Kochana Jolu
Życzymy Tobie szczęścia w miłości
Zdrówka fortuny i pomyślności.

Baczność! Spocznij! W górę noski
Niechaj Ciebie Jolu ominą troski
A grymaski znikną z buźki

I bóle omijają nóżki.

A więc krótko bez ogródek
W tym dniu tak ważnym
                 Z wysokich pobudek
Drogie Panie i Mili Panowie
Wznieśmy toast za Joli zdrowie.

Niech nas usłyszy
Dziś cały świat
Sto lat Sto lat Sto lat
Niech żyje nam Jola.

Z Okazji Urodzin Grażynki

Dzień rozpoczyna się o poranku 2020 r
A szarość nocy w jasność się zmienia
Spotkaliśmy się tutaj dzisiaj wszyscy
Aby Naszej Solenizantce Grażynce
Złożyć Urodzinowe Życzenia.

A Okazja to dzisiaj jest niebywała
Widać to po uśmiechniętych buziach
Nasza urocza Grażynka
Wygląda jak piękna róża.

To że jesteśmy wszyscy razem
Nie stało się tak z przypadku
Jesteśmy z Tobą Grażynko
Jak z Siostrą Przyjaciółką Matką
To najważniejsze światowe wydanie
Na zawsze w pamięci zostanie.

Tysiąc lat plus pięćset a juści

Niech Twojej buzi Grażynko wesołość nie opuści
Przez cały czas a w szczególności dzisiaj
Jest prośba nie krzycz na Krzysia.

Cenimy Ciebie Grażynko bardzo
Wiadomo że czas wszystkim się udziela
Żeby wypracowana przez Ciebie gotówka
Kurczowo trzymała się portfela.

Ze szczerego serca niechaj każdy się dowie
Wznieśmy toast za Grażynki zdrowie
Naszej kochanej i uroczej blondyneczki
Serca w górę i pełne kieliszeczki.

Dla Tereski

Dzisiaj Okazja jest niebywała
Naszej Tereski to Wielkie Święto
6 0 -Rocznica Urodzin 4 wrzesień 2019 rok
Proszę o jakich rumieńców dostała
A jaką buźkę ma uśmiechniętą
Sami popatrzcie i zauważcie
Ma trochę więcej lat niż osiemnaście.

Cóż czas potrafi tak nieraz zwieść
A tak naprawdę z przodu jest sześć
To tak niewiele tylko dopiero
Kto pod uwagę bierze dziś zero.

Teraz wyrażę się tak najprościej
Tereska wita przybyłych gości
I uroczyście robi to z gestem
Witajcie mili
                Szczęśliwa jestem.

Dziękuję wszystkim
W tej oto chwili
U Pani Ewy w Małej Polskiej Willi
Na pięknej kolorowej sali
Żeśmy się wszyscy razem spotkali.

Życzenia od naszych gości i męża Stasia
Niech Sto Lat Żyje Tereska Nasza
Uczcijmy te chwile teraz toastem
Wypijmy za zdrowie Tereski.

Niech okrzyk gromki płynie nad miastem
Wiwat Tereska odbija echem
Mknie po ulicach placach ogrodach
W lesie i toni głębokich morzach
Na wielkim łuku Nieba przestworzach.

38 Rocznica Ślubu

Sprawa jest najważniejsza
Dzisiaj jest wyjątkowy dzień w roku
26 września 2019 roku
38 Rocznica Ślubu Tereski i Stasia.
Uroczystość Taty i Mamy
Wszystkich serdecznie zapraszamy.

Wiadomo że w życiu bywało różnie
Ale miłość i przyjaźń trwa nieprzerwanie
Między Tatą i Mamą
Rodzina rozrosła się w siłę
Dzieci Joasia Tomaszek Dariusz z Klaudią
Kaia i Dominik - Wnuczęta
Musimy o nich pamiętać.

Między Tereską i Stasiem od zarania
Iskrzy uczucie wzajemnego poszanowania
Tereska jest bardzo ważna w tej rodzinie
Z jej roześmianej buzi radość błyska
Nic do ujęcia lecz do dodania.

Tereska jest Aniołem na Nieba tle
Ona wie co jest dobre a co jest złe
Jest wspaniała urocza na życie otwarta
Góry złota ta dziewczyna jest warta.

Dla Naszej Córeczki Joanny w Rocznicę Urodzin - 2020 r

Mamy w Chicago rodzinne święto
I nie będziemy się dzisiaj nudzić
W ten Dzień Urodzin ważny
Święto Najdroższej Naszej Joanny
Uczucie radości pobudzić.

Hura Hura Hura radosne tak wypada
Dziś 14 listopada 2020 r
Wszyscy razem jednym chórem
Stajemy za Joanną murem.

Joanno Droga
W Rocznicą Twoich Urodzin
Niech Ci Szczęście ręce poda
Życzymy Ci dużo Zdrówka
Jesteś i zawsze będziesz młoda.

Dużo szczęścia i radości
Wszyscy razem Ci składany

Mama Tata Kaia Klaudia
Tomaszek Dominik i Daruś.

Głośne wiwaty na cały świat
A od nas wszystkich
Milion sto lat.

Dla Kaii z Okazji Urodzin - 2019 rok

To nic że nastała jesień
Ale w Chicago jest jeszcze lato
Dzisiaj są Naszej Kaii Urodziny
A co my wszyscy na to?

A my to nasza cała Rodzina
Mama Tata Dominik Ciocia Joasia
Wujek Tomaszek Babcia Tereska
I Dziadek Stasio.

Chcemy piosenkę z Tobą Kaiuniu zanucić
I naszą Kaię do góry podrzucić
Więc ruszamy na początek
Niech Ci zawsze świeci słońce.

A w dzienniczku Naszej Kaii
Tylko same celujące
A co do tego jeszcze dodamy
Słuchaj rad dobrych
Taty i Mamy.

Oni Ciebie rozumieją
Zawsze Ciebie słyszą
A z Dominikiem baw się wesoło
On jest wspaniały starszy braciszek.

Jesteśmy z Ciebie Kaiu dumni
Pełni podziwu bardzo przejęci
Jak oglądamy naszą dziewczynkę
Na baletowych w szkole zajęciach.

Rośnij nam duża nasza stokrotko
Jesteśmy z Tobą Kaiuniu trzpiotko.

Chrzciny Adasia

Wszyscy mili uśmiechnięci
Uroczystość wielka taka
Dzisiaj u Ani i Tomka w Nowym Jorku
Będą Chrzciny drugiego chłopaka.

Rano się obudził Adaś
Kręci się i rusza noskiem
Mama jest zapracowana
Na jej twarzy widać troskę
To coś ważne musi być
Domyślił się   będą mnie chrzcić.

Filipek schylił się do Adasia
Cicho szepcze mu na ucho
    Słuchaj Adaś ty się postaraj
    W pampersach musi być sucho.

    A w kościele zakaz płaczu
    Nie rób tak bo wszyscy patrzą
    Bo to nawet nie wypada
    Cicho sprawuj się braciszku
    Nie rozglądaj się nie gadaj.

Nie dziw się że gości dużo
Oni lubią Mamę i Tatę
Dwie Babcie dwóch Dziadków i Rodzinę
Msza będzie trwała godzinę.

Gdy podejdzie Ksiądz do Ciebie
Choć go nie widziałeś nigdy
Będzie miał kropidło w ręku
On nie zrobi ci nim krzywdy.

Tylko cię pokropi wodą
Ta woda jest Boska święcona
Oto właściwości wody
Gładzi też grzech pierworodny
Adaś zawsze będziesz młody.

Bozia kocha Ciebie Adasiu
Stąd organów płynie nutka
Bozia kiedyś była mała
Również ochrzcić się kazała.

Pamiętaj Adaś bądź grzeczny
W kościele jesteś bezpieczny
Żyj nam długo i w rozkwicie
Dorośniesz zrozumiesz życie.

Adaś puścił oko do Mamusi
Machnął główką do Tatusia
I uśmiechnął się całą buzią
　Nie martwcie się ja wiem już dużo
　Nie daleko na tę wiosnę
　I bardzo szybko urosnę
　A wkrótce pójdę do szkoły
　I zawsze będę wesoły.

Uwierz

Losowy zbieg okoliczności
Myśli na przekór sobie
Gra o coś ważnego
         Dasz radę
            Ktoś podziękuje tobie.

Nie musisz akceptować tego
W co nie wierzysz
Zawiodłeś się
Przypadkowo.

Coś w sobie masz
Uwierz w siebie
Ze wspomnień nie rezygnuj
Poznawaj na nowo
 Z oceną pozytywną.

Bezmyślność

Niedorzeczności trawią teraźniejszość
Na czasie modne
Zbójeckie prawa
Pożałowania godne.

Atomowy zgiełk
Rozdane karty
Bum!
Bolesne rozłąki.

Czarne pająki
Nie starczyło czasu

Bez pożegnania
Odeszli zawczasu.

Galimatias

Życie na zapas
Jak galimatias się staje
Coś ujmuje i dodaje.

Budujemy na zapas pałace
Nagrobki ze skalnego granitu
Pozbawieni pewnych zasad
Ciągle pełni niedosytu.

Zacietrzewieni nie zdając sprawy
Materializmem przesiąknięci zawzięci
Po co słuchać nieprawdziwej historii
Wymyślonej dla korzyści
Tworzonej w celach nienawiści
Dla niecnych celów niebezpiecznych.

Otworzyć oczy

Szeroko otwórzcie oczy
Niepokorni uparci i niezgodni
Manipulanci udający świętych
Po swojemu racji ujętych.

Uśmiechy gnuśne febra
            Coś nie gra
Poszkodowani przez nieroztropnych
Smętni obojętni nerwowi.

Podzieleni zwaśnieni nietypowi

Na skutek
Zabrakło uśmiechów
Nie pociechą.

Kpina

Kpina z samych siebie
Prawda historycznie zniewolona
Błędne myślenie społeczna sodoma
Zniewaga - na siebie bat.

W perspektywie najbliższych lat
Lot bez paliwa niechciany z akceptacją
Pioruny uderzają powtórnie
Nieprzewidziane wydarzenia.

Nie do pozazdroszczenia
To co może nastąpić niebawem
Atomowa rozgrywka i jeszcze
Śmiertelne dreszcze.

Stop

Stop z polityką z bujaniem w czasie
To jakby nie nazwać słuchać nie da się
Absurdem tu pachnie
      Nic z tego nie wynika
Tak zachowuje się polityka.

Puste hasła głoszone przez rządy i kler
To to samo co jedynka bez zer
A głoszenie kosztuje drogo
Skutek nauk wygląda ubogo.

A ludzie wierzą w te urojenia
Płacą słono za niewiedzę
Człowiek w bestię się zamienia
Stąd te przykre wydarzenia.

Potrzeby

Buźka wymaga kontroli
Ząb się ukruszył
Gabinet rentgen diagnoza
Usunąć niezwłocznie ząbek.

Grymas na twarzy nietypowy
      Jestem w matni
      To mój niestety
      Ząbek ostatni.

Niektórym ludziom nic nie potrzeba
Ino chleb wieloziarnisty
Łyk czystej wody na chłodne ciało
Czy to wystarczy?
      Czy się zdawało?

Gdzie?

O to że się nie wymigam od odejścia
Nie mam pretensji
Ciekawe czy tam trafię kiedyś
Będzie cała czy pół biedy.

Wschodzące słońce otuchy dodaje
Dla wszystkiego co żyje
Budzące prawo codziennego bytu
Wyzwala natchnienia duchowego rozkwitu.

Nie straszcie piekłem wiernych Bogu
Fantazję zostawcie dla siebie
Niech w waszych głowach oby jak najrychlej
Szacunek jako taki w końcu się odezwie.

Z czasem

Nie dogonisz czasu swojego
Dzisiaj żyję jutro nie wiadomo
Mój czas jest zaplanowany
Z piersi matczynej z mlekiem wyssany.

Marności hołdować materializm krzewić
Może by trzeba się wprzódy upewnić
Nie bać się tego że się dowiemy
Pewne jest że przeminiemy.

Zwęglone zwłoki każdej epoki
Niechlubne działania bogatej władzy
Niczym wrzask kury obdzieranej z pióry
Brak szacunku i kultury.

Nie ucieknie

Nie ucieknie żółw przed pociągiem
Nie pomoże mu w tym mrówka
Winny jest ten co wpłacił pieniądze
Czy bank w którym zniknęła gotówka?

Jak polepszyć byt na normalność
Lichwa wyzysk niepojęty
Na co dzień widoczny realnie
Cały świat machloją objęty.

Następnych pokoleń myśli rzesze
Coś ku własnej uciesze
W zamysłach duszy mojej
Na zawsze pozostanie jako swoje.

Bierni wobec własnych myśli
Przesiąknięci bałamuctwa kłamstwem
Co dobre a co jest złe w naszej wierze
Skąd więc się obojętność taka bierze?

Zdrada

Zdradzani przez samych siebie
Wtłaczani w czasowe matni
Okaże się że my i nie pierwsi
A nawet i nie ostatni.

Czy śmierć można nazwać zbrodnią
Na każdym żywym człowieku?
Czy to jest zwykła normalność
Zakodowana w wieku.

Umarłem - nie muszę się już bać
Czy wypłaty do pierwszego wystarczy
Od teraz pies po sąsiedzku
Nigdy na mnie już nie zawarczy.

Kto?

Kto mnie przywita po tamtej stronie?
Ojciec Matka Ewa czy Adam
A jaki będę miał wyraz twarzy?
Gdy mi powiedzą   spadaj!

Własności nie ma to takie jasne
Głupio przebywać w zamknięciu ciasnym
Ale w końcówce wynika
Nie boisz się komornika.

Życie i śmierć ważne dla mnie samego
Wydawałoby się dwa problemy
Pamiętamy datę swoich urodzin
A daty śmierci nie wiemy.

W Rocznicę Urodzin Kaii

Dzień niezwykły 11- listopad 2020 r
Jest okazją niepojętą
Dzisiaj jest Rocznica Urodzin Kaii
Dla nas wszystkich wielkie święto.

Cała Nasza Rodzinka
Mama Tata Dominik Ciocia Joasia Krzysio
Babcia Tereska i Dziadek Stasio
Przyjaciele i znajomi - nikt o Kaii nie zapomni.

Jesteśmy z Ciebie Kaiu dumni
Pełni podziwu bardzo przejęci
Życzymy Tobie w Dniu Twoich Urodzin
Dużo zdróweczka moc uśmiechów
Nasza Kochana pociecho.

Dwa serduszka

Pan nigdy się nie spodziewał
To się jednak wydarzyło
Na widok pięknej dziewczyny

Omal mu serce nie wyskoczyło.

Pan chociaż nie był bogaty
Kupił obrączkę na raty
Przy świecach i dobrym winie
Oświadczył się dziewczynie.

Zakończyło się bezpiecznie
Pani serduszko i Pana serce
Połączone sakramentem małżeńskim
Biją głośno i namiętnie.

Post

Do dworu Hrabiego na włości
Przyleciało w czasie postu
Wystrojonych wielu gości
Nowiutkim samolotem.

Jednego nie przewidzieli
Goście dostojnicy bystrzy
Że od tej pory przez pół roku
Obowiązywał w zamku post ścisły.

Przez pół roku o samiutkiej wodzie
Wydaje się trochę przesadą
Panowie dwa wyjścia mieli
Umrzeć z głodu z miłości do Hrabiego
A więc zostali czy odlecieli?

Rocznica Urodzin Joanny

Od zimy dzieli nas tylko kroczek
14 listopad 2021 roczek

Dziś jest wesoło nikt nie grymasi
Dzień jest Rocznicą Urodzin Joasi.

To właśnie dzisiaj w tym dniu uroczym
Wszyscy ochoczo się spotykamy
I zgodnym chórem Tobie Joasiu
Gorące życzenia dzisiaj składamy.

Dużo zdrowia pomyślności
Moc uśmiechów i radości
Wszystkiego co sobie życzysz Joasiu
Co nam oferuje Świat.

Sto lat Sto lat Sto lat
I milion dwie godzinki
Przyjmij Joasiu życzenia
Od całej naszej Rodzinki.

Samo życie

Życie jest sługą prawdy pokoleń
Samo za siebie nie decyduje
Człowiek łamie wolną wolę
Własnego dobra nie szanuje.

Kamienne rzeźby runą kiedyś
Zamilkną trąby wiwaty brawa
Po ludziach prawych i honorze
Pozostanie wierna i cicha sława.

Słowa zwyczajnie proste
Potrafią niebiosa uchylić
A ostrzejsze od brzytwy
Powodem do częstych zmyśleń.

Nowe jutro

Wstrzymuję oddech i słucham
Bezradnie wargami poruszam
W ciszy postaram się przebić
Do tego czego pragnie moja dusza.

Wieczór nadchodzi znikąd
Wiatr cichnie powoli zanika
Noc nieuchronnie się zbliża
Powolnym szeptem zasypia.

Milkną uliczne hałasy
Ostatnie oddechy dnia odchodzą
Muzyczne domów milczenia
Z nowym się jutrem narodzą.

Kim jesteśmy

Zachłyśnięci w dążeniach do sławy i dobrobytu
W czasach rozwoju przemysłu i nauki rozkwitu
Zapominamy kim jesteśmy z wielkiego zachwytu
Często zawiedzeni i żądni nowych depozytów.

Na krawędzi ceny czasu i myślowych fali
Z lotu szarego ptaka bezradni i mali
W dążeniach zawiedzeni śpiący i bezmyślni
Hołdujemy temu co sztuczne i błyszczy.

Śmiech częściowo być może nauki przykrywką
Żart dowcipnie ujęty w określonym typie
Nie okaże się bolączką dobrze rozumiany
Podnosi ciśnienie i po trochu szczypie.

Niezależnie od nas

Krytyka źle pojęta powoduje grymas
Ktoś przystojnie się dąsa czupryną potrząsa
Wzorem być dla mądrych pożytkiem potrzebnych
Pośmiać się rezolutnie z głupich przewielebnych.

Tyle spraw się namnożyło
Trudnych dziwnych i złożonych
Niezależnie od nas samych
I nigdy nieodgadnionych.

Grupowo i pojedynczo
Słuchacze dni i ciemnych nocy
Być może komuś się uda
Samemu sobie popatrzeć w oczy.

Na zawsze

Nam z czasem przyszło się mocować
Żyć według zasad czujność zachować
Dochodzić prawdy i żyć godnie
Na dawnych czasach się wzorować.

Wydawać się może to takie proste
Iść nurtem rzecznej konieczności
Lecz nie możemy symulować
Danej na zawsze nam wolności.

O wolność nie trzeba walczyć
Trzeba po prostu to chcieć
Niektórzy tylko się łudzą
Walczą o wolność nie swoją a cudzą.

Walentynki

Witamy Piękne Panie Walentynki
Panów Walentych razem wziętych
W niedzielę 14 lutego roku 2021
I życzę wszystkiego najlepszego.

Dużo szczęścia miłości i zdrowia
Pomyślności całe tony
Dla Babci Dziadków Wnuków Rodziców Młodzieży
Bobasków Zakochanych i Par Narzeczonych.

Uczcijmy Święto Walentynek
Na spotkaniach dobrym winem
I smakołyków pełnym półmiskiem
Z pełnym szacunkiem na czasy przyszłe.

Walentynkowe uściski

Czternasty Luty każdego roku
Od raniusieńka i aż do zmroku
Wesoły słodki i rozśpiewany
Na całym świecie jest uznawany.

Do Walentynek dzielą nas chwile
Jutro niedziela więc się spotkamy
Uściskamy się wzajemnie
Będzie fajnie i przyjemnie.

Wznieśmy toast za Walentynki
Nasze urocze piękne dziewczynki
I za Walentych tak zatroskanych
Za dobroć miłość i zakochanych.

Biała pani

Do chałupy rano z rosą
Weszła Pani z ostrą kosą
A cała na biało ubrana
Rzekła głośno   witam Pana.

Pijus przetarł smutne oczy
Ledwo głowę w górę kitra
Był pewien że Biała Pani
Przyniosła w koszyczku pół litra.

Kac silniejszy jest zgonu
Niefortunnie się skończyło
Źle potraktował panienkę z kosą
Aż w oczach się jej ściemniło.

Zatrzeć ślady pokolenia

Ktoś próbuje zatrzeć ślady
Co obecnie jest na modzie
Ale czy się uda zatrzeć ślady
Zrobione przykładowo na wodzie?

Z pewnością zatarcia śladów na wodzie
Bez trudu można dokonać
Ale można się niechcący utopić
Próbując ślady na wodzie wykonać.

Pokoleń wielu liczne życiorysy
Niczym łańcuchy ciągnące w przestrzeni
Co z nikąd wyszły i gdzie mają spocząć
Na własnych śladach losu przeznaczeniem.

Na bazie wzorców własnych tożsamości
Skrytych instynktów duchowej wolności
Pokolenia w grze świateł jak cieniowe hufce
Płyną nie wiedząc co ich czeka po długiej wędrówce.

Z Bogiem na co dzień

Pamięci własnej bez granic zachwytem
Pytam oddycham chodzę i pojmuję
Co daje blaski pochodzi od słońca
Co przeminęło we wspomnieniach czuję.

Wiele się dzieje czasy się zmieniają
Nowe przychodzi stare rujnuje
Rośnie niepewność dalszej egzystencji
Człowiek dla Ziemi zagładę buduje.

Żyję dniem dzisiejszym i myślą o jutrze
W drodze okrężnej własnych świadomości
Wierzę i słucham przeżywam i czuję
Z Bogiem na co dzień ku nieskończoności.

O czym pisać

0 czym mam pisać jak być szczęśliwym?
Że słońce świeci kolorem żywym
Ktoś zniknął w dali   wszystko mu jedno
Czerwone róże nigdy nie więdną.

Jak ściągnąć z Nieba ciekawe myśli?
Skąd na pisanie miewać pomysły?
I na papierze wykuwać wierszem
Słóweczka miłe i pożyteczne.

Życie nie bajka   to już się dzieje
Miłości trudy plany nadzieje
Z uczuć sercowych pragnienia wieczne
Z myślą że jutro będzie bezpieczne.

Moje miejsca

Z żalem wspominam dawności przebiegłe
Kwiatowe woni i przestrzenne pustki
Myśli zakodowanych umysłowych matni
Nie jestem pierwszy i nie ostatni.

Póki co żyje rozmyślam pożądam
Staram się zrozumieć życiowe zadanie
Wierzę że coś ważnego w mym bycie zbuduję
Na nowo odkryję swoje powołanie.

Myślę że w minionej powietrznej strudze
Oddech mój tam pozostał i część mojego ducha
A zapach uwiędłych kwiatów nieprzerwanie drzemie
Miejsca te już na zawsze pozostaną we mnie.

Działania

Nie da się tego nie pojąć
Że od zera można odjąć
Dodać pomnożyć podzielić
I niezłym zyskiem obdzielić.

Zwykłe kółko a takie ważne
Może spowodować niechęć
Proszę z przodu jedyneczka
I powstaje dziesiąteczka.

Ktoś próbuje zera wycofać
I cały dorobek zmarnować
Posunięcie czy najlepsze?
Zera umykają w powietrze.

Różnice

Nie ma dni lepszych i gorszych
Niechcianych smutnych straconych
Wszystkie dni tygodnia są jednakowe
Ciekawe i kolorowe.

Ktoś kto się z tym nie zgadza
Niechaj się połączy z próżnią
I na miejscu się tam przekona
Że dni się od siebie nie różnią.

Był sobą zawsze wcześniej i później
Rankiem w południe wieczorem we śnie
Myślał uczciwie długo figlował
Nie udzielał się w rozpuście
A wiadomo o kim mowa
O zającu co zasnął w kapuście.

Postanowił

Kiedyś ktoś bardzo uczony
Znalazł się w złym momencie
Na banknocie stuzłotowym
Ujrzał swoje własne zdjęcie.

Strwożony oblał się potem
Oddał zakupy z powrotem

Wyrzucił na śmietnik stówkę
I odtąd prowadzi głodówkę.

Czy naruszona została godność?
A pan uczony ma to za sobą
Postanowił że tak łatwo się złamać nie da
I za stówkę się nie sprzeda.

Tłusty Czwartek

Tłusty Czwartek jest od zawsze
Nigdy dotąd się nie znudził
Dawniej było mniej problemów
Ludzie byli bardziej chudzi.

Sanepidy nie istniały
Dobrze wiodło się gawiedzi
Ktoś wsypał do mąki cukru
Musiał natychmiast iść do spowiedzi.

Obecnie znikły wszystkie bolączki
Legalnie można smakować pączki
I kalorycznie tak wiele warte
A najsmaczniejsze są w Tłusty Czwartek.

Wielka ochota

Co z Czwartku Tłustego wynika?
Cukrzyca na zawsze niech znika
Dziś wielka ochota na pączki
Smacznego życzę   całuję rączki.

Pączki w oleju aż skwierczą
W całym domu zapachniało

Popić winem by się zdało
Żeby lepiej smakowało.

Kto obchodzi Tłuste Czwartki
Nie musi być jakimś dziwakiem
Pączusie zrobione z odpustem
Stąd talerzyki są puste.

Nasza Babunia

Młoda Babunia ze wsi Kolączki
W czwartek nad rankiem upiekła pączki
Jak wnuczki nocą chrapały cicho
W lodówce pączki przykryła michą.

Rankiem jak co dzień cała rodzina
Smaczne kanapki jak zwykle wcina
A przy lodówce jamniczek sapie
Zerka na drzwiczki i drapie Babcię.

Dziadzio Babcię podejrzewał
Ale tego się nikt nie spodziewał
Cmoknął Babunię w usteczka
I otworzyła się lodóweczka.

Dopiero wszyscy wpadli w zachwyty
Tak nastroszyły się apetyty
Uczta do południa trwała
Babcia z radości się rozpłakała.

Wnuczki Babcię cmokły w rączki
Podziękowały za słodkie pączki
Suczka wylizała garnek
Niech nam żyje tłusty czwartek.

Podatki

Na czasie nowe podatki niczym gąsienice
Nieprzerwanie jeden za drugim pełzną na ulice
Do drzwi kołaczą do okien zaglądają
Strachem karmione by cel swój osiągnąć.

Wywleką i obnażą biednego czy zdrowy czy chory!
Ostatniego koguta i cielę ukradną z obory
Obciążając kosztem umarłego spalą psią budę
Z ustawowych zamierzonych i niecnych pobudek.

Widać na każdym kroku kłamstwa i obłudę
Utrzymać się przy życiu to graniczy z cudem
Pospólstwu obiecano na drzewie orzechy
A bogacze złotem napełniają miechy.

Myśleć pozytywnie

Staramy się życie ubarwiać
Po cóż się za wcześnie zgarbiać
Własną osobę postarzać
I wiele kłopotów przysparzać.

Lepiej myśleć pozytywnie
Po swojemu służyć zdrowiu
Do zbytnich trosk nie dopuszczać
Wodzę fantazji popuszczać.

Byle czym się nie stresować
W wesołości nie folgować
Na dni nowe plan wydany
Pracujemy zarabiamy.

Podajemy sobie ręce
Czegóż oczekiwać więcej
Nadzieję do serc swoich włóżmy
Sami sobą się nie trwóżmy.

Los

Los beztrosko nam figle płata
Jak nieodpłatna czasowa rata
Bez względu czy ktoś jest czarowny
Bogaty biedny roztropny.

Los jest splotem niewiadomych zdarzeń
Dotyczy bytu sprawiedliwości i marzeń
Nie pyta nie prosi nie sądzi
Nie przeprasza nie kłamie nie błądzi.

A żeby się z losem pogodzić
To najpierw się trzeba urodzić
I starać tak kombinować
By niczego nie żałować.

Dążenia

Gonimy ciągle za czymś wiecznie
Z pozoru zdaje się bezpiecznie
Trwoniąc swe siły i zamiary
W walce by przeżyć to bajecznie.

Udzielać można się bez troski
Na fali życia bezradności
Stabilna z pozoru pewności
W dążeniu do sumy bezradności.

Wszyscy skazani w czasie ostatnim
Spotkają się na jednym moście
Żałując tego co przeżyli
Wzajemnie sobie pozazdrościć.

Ciekawe

Dzisiaj na Princeton Pike na spacerze
Jakiś głosik ciszę przerwał
Nadstawiłem bacznie uszy
Ktoś nagle się do mnie odezwał.

A to było niesłychane
Cześć Pysek   powiedział Bałwanek
Myślałem że to mnie się śni
Widziałem go od dwóch dni.

Pozwolisz sąsiad że się przedstawię
Bałwanek jestem   słuchaj kolego
          Stworzony jestem z białego śniegu
          Przez Karolinkę i Pawełka z Synkiem Kubusiem
          Posiadam duszę i serce duże
          Jestem wesoły i zimie służę.

Opowiedziałem o tym Teresce
Czas tej wizyty szybko mi zleciał
A Pan Bałwanek jak poprosiłem
Przetrwa w pamięci to mi obiecał.

Tereska ze Stasiem Pyskiem Pozdrawiają
Karolinkę z Pawełkiem i Synkiem Kubusiem
Oraz całą ich Rodzinkę
Nie znamy lepszego przykładu

Jak się ma wspaniałych sąsiadów.

Wynalazek

Pan uczony tak od zaraz
Coś niebywałe wynalazł
Takie że się wierzyć nie chce
Aż się spaliło to na panewce!

Pan próbował udowodnić
By sukcesem się napawać
Żyć bogato i beztrosko
A pieniędzy nie wydawać.

Niektórzy się domyślają
Że uczony mieszka w Raju
Wspominam o tym dlatego
Bo pieniążki nie należą do niego.

Wywołać

Czy wywołać wilka z lasu
Potrzeba tak dużo czasu?
A do tego z wielkim trudem
To graniczyć może z cudem.

Ale z tym fantem może być bieda
Wilk za darmo wywołać się z lasu nie da
Robiąc przy tym wiele hałasu
Zostać przez wilka wciągniętym do lasu.

Poparte jest mocnym dowodem
Kiedyś ludzie pili wodę
Aż znalazł się taki trzepnięty

Co dodał do wody procenty.

Ten co procenty wynalazł
Dorobił się na swoją wygodę
Ludzie płacą za procenty
A dodatkowo za wodę.

Myślenie

Pan Jeleń na żony życzenie
Pięć lat temu rzucił palenie
I życie tym własne obronił
Pan Wilk go dziś nie dogonił.

Pan Wilk się pieni i płacze
On jest nałogowym palaczem
To że traci dużo forsy
Okazał się jako ten gorszy.

Myślenie często nawiedza głowę
Życie mogłoby być kolorowe
A bywa różnie nie zawsze cudne
Zdane na próby kłopoty niesnaski.

Kto się nie urodził to nie umrze
W każdym przypadku nie robi łaski.

Czasy Noego

W czasach Noego zimy nie było
Nie tak jak teraz a wielka szkoda
Wielkie połacie zielonej łąki
A naokoło głęboka woda.

Któż by przewidział że dobre Słońce
Nagle zrobiło się tak gorące
I wielka woda w tygodniu cała
Beztrosko w górę wyparowała.

I nastał problem ulewne deszcze
Padając długo grubo ponad miarkę
Noe pomyślał to nie przelewki
I wybudował wspaniałą Arkę
Inwestycja się udała
Dlatego ludzkość na Ziemi przetrwała.

Teraz mamy

Dawno temu ustalono
Że dodawać trzeba w prawo
A na lewo odejmować
Wyniki skrupulatnie notować.

Teraz mamy czasy nowe
A do tego się sprowadza
Działania zostały te same
Ale suma się nie zgadza.

Stąd te nietypowe skoki
W górę na dół i na boki
I oparte na kredycie
Samo życie.

Paranoja

Ktoś się wkurzył z ranną rosą
Z braku butów ruszył boso
I do tego z transparentem

Strajkować o wyższą rentę.

A że komuś kiedyś podpadł!
Jako ktoś niepożądany
Za głośne okrzyki o wyższą rentę
Pan został aresztowany.

A w sądzie się wkrótce dowiemy
Że ten Pan był głuchoniemy
Sąd to uznał za niemiłe
I do tego chodził tyłem.

Mus

Coś tąpnęło - strach się bać
To nie może być pociechą
A trudno to wytłumaczyć
Mus podatek od uśmiechu zapłacić.

Każdy uśmiech zapisać w notesie
Tak ustalili kolesie
Ktoś nieźle obmyślił ten projekt
Chodzi o wpływy w budżecie.

A tak naprawdę to z byle czego
Ktoś nie musi - a śmiać się potrafi
Ale trafiają się różni gniewni
Czy ten podatek wariat uwzględni?

Morsowanie

Tak prywatnie nie za forsę
Obywatel chciał być morsem
Przedtem prężny silny młody

Teraz unika święconej wody.

Przedtem treningi na mrozie w wodzie
Boso na łyżwach śmigał na lodzie
Teraz sika co godzina
Nie mówi lecz w myślach przeklina!

To nowe światło na problem rzuca
Obywatel sprzedał płuca
Wątrobę śledzionę i nerki
Stąd te zdrowotne usterki.

Na Babcię

Ktoś się przekona gdy go to dotknie
Jak zostanie zmylony odwrotnie
Wnuczek z nerwów zgubił kapcie
Jak został zrobiony na Babcię.

Babcia - czy uczciwa była
Choć od pięciu lat nie żyła?
Do Wnuczusia zadzwoniła
I o wsparcie poprosiła.

Prawie umieram - tak jestem chora!
Potrzebuję na doktora
Tak mi głupio aż się wstydzę
Nie daj umrzeć - ratuj w bidzie!

Wnuczek uwierzył i na Babci konto
Wpłacił zielone na bank w Toronto
Koniec pokazał - oj niezła sztuczka
Babunia była młodsza od Wnuczka.

Rzeczywistość

Czas w którym stawiam małe literki
Czując myślowe płoche rozterki
Wydaje mi się że to się dzieje
Zagoszczą w sercach nowe nadzieje.

Rzeczywistości takie nie inne
Czuć to i widać na każdym kroku
Co będzie jutro nikt nie przewidzi
Tym co zdziałamy wspólnie nie krzywdzić.

Rzeczywistość - to tu i teraz
Wieczór południe i rankiem wcześnie
Podczas śniadania i narzekania
A dodatkowo być może we śnie.

Śnieżek

Wiadomość z kosmosu przybyła
Pogoda śnieżek zaprosiła
Jest zima i tak wypada
Jak zechce niech sobie pada.

Śnieżek szansę wykorzystał
Wziął się ostro do roboty
Najpewniej w godzinę niecałą
Pomaluje świat na biało.

Zima z reguły jest groźna
Ale wielkie ma znaczenie
Miło spędzać przy kominku
Święta Bożego Narodzenia.

Ziemia

Naukowo jest potwierdzone
Znamy wynik i przyczynę
Nasza Ziemia się porusza
Tysiąc sześćset km na godzinę.

Ziemia nigdy nie narzeka
Zachowuje się uczciwie
A co jest w tym najdziwniejsze
Śmiga na odnawialnym paliwie.

A mieszkańcy pięknej Ziemi
Często mają niedosyty
Zaśmiecają kontynenty
Biologiczne czyniąc zgrzyty.

Pretensje

Życie przemknęło nastała cisza
Pianino nie gra padły klawisze
Nadstawia uszy zdziwiony wielce
To jednak prawda - winne jest serce.

Ktoś by pomyślał Pan spadkobierca
Rości pretensję do swojego serca
Co stroniło od miłości
Od młodości do starości.

Nad Panem łopocą dumnie chorągwie
Wody święconej wylewne stągwie
Pierś orderami pańską uświęca
Odpłynął z pretensją bez serca.

Zimowe uciechy

Piękne są mroźne zimowe poranki
Wystarczy tylko odchylić firanki
Podziwiać za oknem śniegowe górki
I tańczące na gałązkach wiewiórki.

Na naszym drzewie o każdej porze
Każdy się ptaszek częstować może
Ziarenka zboża pełna miseczka
Okruszki chlebka i kawałki serka.

Ptaszki śpiewają fruną wysoko
Wiewiórka puszcza Pyskowi oko
Panią Tereskę łapką przywita
Nasza współpraca jest znakomita.

To się dzieje

Gwałtu rety- to się dzieje!
Śnieg jeszcze nie spadł a już topnieje
Kredytu nie wziął a spłaca raty
Dzisiaj jest biedny jutro bogaty.

A to się dzieje w ramach miłości
Ktoś kombinuje w podświadomości
A w telewizji w sinawej chmurze
Raz małe bujdy raz bujdy duże.

Zimowy poranek

Sobotni zimowy poranek
Wyjrzało słoneczko promienne
Uśmiechem jasności blaskiem

Serdecznie wita Ziemię.

Sobota dzień wolny jak zwykle
Po tygodniu tak ciężkiej harówki
A to że nic się już nie chce
To tylko zbyteczne wymówki.

Czas leci więc na co czekać
Dąsać się i szukać usterek
Skorzystać z uroku poranka
I wybrać się na spacerek.

Cywilizacja

Nasza cywilizacja - to miotane losy
Codziennej niepewności wojenne odgłosy
Wystrzelające wieżowce i piękne witraże
Pokoleniowe emigracje i zmęczone twarze.

Pozornie wolni wobec własnego sumienia
Niewiele w tym temacie jest do powiedzenia
Zależni od przyrody czasu i pogody
Podzieleni na kontynenty strefy i narody.

Często przekraczamy normalności granice
Dryfując między ideą światłem i otchłanią
Bardzo często się poniżamy robiąc straszne rzeczy
Handlujemy wolną wolą przez Boga nam daną.

Nowe podatki

Myśli zaprzątają głowy
Co godzinę to podatek nowy
Nie wiadomo z jakich względów

Powielaniem jest obłędów.

To chyba nie mała przesada
Podatek od oczu i słuchu
Od matek ciężarnych płaczących maluchów
A nawet od złości wybuchów.

Od kawy cukru i wody
Nieważne czy chory garbaty ślepy niemłody
Od wszystkiego co się po ziemi porusza
Z odsetkami od epoki Zeusa
Od miłości skromności i niedosytu
I ogólnie od całego dobrobytu.

Bezrobotny

Szukał pracy od tygodnia
Na czasie zdalna jest modna
Żeby zarobić na chlebek i masło
Czucie w sercu nie wygasło.

Gdzie zapytał - tak się składa
Nigdzie nie chcą przyjąć dziada!
Że jest starszy od Mojżesza
To go wcale nie pociesza.

W szałasie zimowej zawiei
Jest twardy nie traci nadziei
Że kiedyś gdy osiągnie dostatek
Ominie go od marzeń podatek.

Nie wszyscy

Szum na sali   puste krzesła

Lawina pomysłów przeszła
Ktoś musiał interweniować
Nie wszyscy są zdolni pracować.

Kto dużo myśli często się garbi
Ale nie musi się nawet schylać
Ktoś inny twierdzi praca nie hańbi
Czy pszczoła musi kwiatek zapylać?

Ktoś nie pracuje   bo ma robota
Lekko zagubiony trzyma się płota
Zgrywa chojraka a jest miernota
Dobrze że jutro jest już sobota.

Błędy

Na nie swoich błędach się uczyć
Nieźle można się utuczyć
A do tego z rezultatem
Pokazywać się z Piłatem.

Umyć ręce nie kosztuje
Wykorzystać swoje racje
Z własnej winy się przewrócić
A złożyć na grawitację.

Na uwadze czasy nasze
Gdzieś się ukryli Barabasze
Ułaskawieni przez część gawiedzi
Może lepiej o tym wiedzieć.

Systemy

Udajemy czy nie wiemy

Ktoś się głowi powątpiewa
Że działają dwa systemy
I od prawa i od lewa.

Dwa systemy się ścierają
Każdy dba o swoje racje
Ktoś się wciska na trzeciego
Wybili mu demokrację.

Myśli tworzą aż cztery rodzaje
Pierwsze - mądre
       drugie - głupie
           Trzecie - to rodzaj nijaki
Ani taki ani taki.

Jak połączyć trzy gatunki
Wykorzystać rodzaj czwarty
I pozbyć się wszelkich problemów
Myśleć zawsze po swojemu.

Zima

To nie żadna tajemnica
Że zima pięknem zachwyca
Jak zapowiadają wieszcze
W lutym będzie fajniej jeszcze.

Wysuwasz czuprynę spod kołdry
Masz ochotę pospać jeszcze
W nocy wiatr za oknem hulał
A ranek przywitał deszczem.

Myślę że w nocy gdy wszyscy spali
Wiatr śnieg i mróz po cichu się dogadali

A w rezultacie ranek na mokro
Może przez chwilę zostać pod kołdrą.

Hasła

Oj - nie wszystkie wiadomości!
Głoszą hasła prawdziwości
I zdążają ku wolności
Służą przykładem sprawiedliwości.

Ktoś nie miał broni - wystrzelał naboje
Komornik pole zajął nie swoje
Ktoś nie swoją fortunę przejada
I nie musi się z tego spowiadać.

Bać się czegoś co nie słychać i nie widać
Może to zabrzmieć dziwnie i głupio
Ale sprawdza się praktycznie
Słuchają wierzą i wszystko kupią.

Otworzyć oczy

Otwieram oczy z rannym szelestem
Bardzo się cieszę   dziś znowu jestem
Podziwiam ranka nowe wydania
Pozdrawiam wszystkich nisko się kłaniam.

Lubię zimowe mroźne poranki
Śniegowe zaspy śmieszne bałwanki
A na tle nieba zalotne chmurki
Na sankach dzIeci pędzące z górki.

Zima jest piękna jakby nie mówić
Można przypadkiem w lasku się zgubić

I oko w oko spotkać z niedźwiedziem
Grunt się nie martwić - a dobrze będzie.

Pomyłka

Jak się tego słucha to w głowie mroczy!
Wygląda to na myślowe ubóstwo
Człeka co miał skośne oczy
Oskarżyć o cudzołóstwo.

Nie dość że był bardzo biedny
Mizerny i serce miał słabe
Odsiedział lat dziesięć we więzieniu
Za zeza - co wkurzyło babę.

Co było aresztu przyczyną?
Baba ta była sędziną
Uznała to niecnym wyrokiem
W bok spojrzał i zgwałcił ją wzrokiem!

Wymagania

Bardzo łatwo skusić zło
Trudniej do dobrego wrócić
Od siebie za wiele wymagać
We własnej głowie zawrócić.

We śnie śmiać się do rozpuku
Strzelając z łuku narobić huku
Kpić z własnego życiorysu
Z własnym polem do popisu.

Ktoś chciał ustalić pisane prawo
Odwołać mrozy własną ustawą

Przegłosowana reforma latem
Pisani sięgli niezłą wypłatę.

Jesień minęła zima nastała
Lipna ustawa nie zadziałała
Mróz nie maleje a zwiększa porcję
Wpadli na pomysł - mamy aborcję.

W lutym

Luty się sroży
Śniegiem sypnęło
Prawdziwej zimy
Walka o dzieło.

Co nas czeka?

Jak odpłyniemy co tam nas czeka?
Czy to się dzieje z winy człowieka?
Winy zbiorowej rozległe głosy
Jak wymierzane losowo ciosy.

Czy winić życie w nieznanej drodze?
Częstych pomyłek zbędnych koszmarów
Bóg decyduje co złe co dobre
To prawo Boskie wiecznych wymiarów.

Energie czasu świata systemów
W ludzkim myśleniu nieosiągalne
To co naprawdę jest we wszechświecie
Dla ludzkich oczu jest niewidzialne.

Spór

Syty z głodnym nad przepaścią
Spierali się o proste jadło
Nagle głodnemu z tornistra
Pół litra gorzałki wypadło.

Skoczyli do skalnej czeluści
Za flaszką w tej samej chwili
Nim dolecieli do dna przepaści
To w stu procentach się pogodzili.

A koniec końcem życie jest fraszką
Stracili życia z niezłą igraszką
Może to wydać się tak bolesne
Nikt nie pomyślał - co będzie z flaszką.

Program

Ktoś kto stworzył taki program
To jest szuj i kawał drania
Coś takiego jak nowy podatek
Od włosów nie posiadania!

W sercach łysych czarna rozpacz
Współczuj w bólu i też popłacz
A jak spojrzeć z drugiej strony
Łysy tu został zauważony.

Chciałem jeszcze tu nadmienić
Łysi zeszli do podziemi
Płacić za coś co nie zwisa
Lepiej spotkać Ozyrysa.

Niemożliwe

Pomimo że czas obecnie jest niewydolny
Nie możemy się przyglądać temu bezwolni
Lawina zdarzeń w złym kierunku bieg zmieni
A to zależy od tego - ile rzucimy kamieni.

Jak walczyć z urojeniem i lęku padliną
Łagodzić ból i okrucieństwo?
A przecież mamy w sobie tak wielkie męstwo
To się nie może zakończyć klęską.

To niemożliwe by w czas nieładu
Zasiąść spokojnie tak do obiadu
Klaskać i słuchać takowych bredni
I uznać potem za chleb powszedni.

Nie być obojętnym

Po co ciągle powtarzać przestarzałe hymny
W pochodach się kłaniając majestrom
Piersią pod brudnym łachmanem
Dziki przestraszony biegać za orkiestrą.

Nie być obojętnym - nie dać się sponiewierać
W rytmie muzyki skocznej dowcipnego wiersza
Zasłużyliśmy na szacunek starsi młodzi i mali
A ciemiężca od teraz - niech spieprza!

Zdarzenie

Coś w kosmosie się zdarzyło
Nie wygląda to na miło
Czterech pazernych kosmitów

O Księżyc się pokłóciło.

I nastały wielkie zgrzyty
Księżyc wyfrunął z orbity
Zareagowała Ziemia
Już po dwunastej się ściemnia.

Człowiek zgrzyty wykorzystał
Techniczne stosuje sposoby
Stąd wybuchy nuklearne
W skutkach strat nieobliczalne.

Komuś

O czym mam pisać jest pięć po szóstej
Że śnieżek sypie ulice puste
A w telewizji wielka łapanka
Drzwiczki zginęły - winna jest klamka.

Komuś na targu spuścili manto
Dziecko pobiło dwóch policjantów
Trudno na sucho i przed wypłatą
Pisać z nadzieją że przyjdzie lato.

Komuś odbiło
      Dekrety tworzy
Na kromkę chleba trzeba odkładać
         Aż szkoda gadać.

Korzyść

Pan się pomylił sam siebie okradł
Ktoś nie nabroił za grzechy podpadł
A żeby czymś takim jeszcze się chwalić

To może lepiej ze wstydu spalić.

Gorzej na zapałki nie stać
A iskrę trzeba wykrzesać
W pierwszym przypadku to wziąć kredyty
Zlikwidować niedosyty.

Jak uporać się z ubóstwem
Wstawać raniutko o szóstej
I myśli mieć pod kontrolą
Pracować aż włosy zabolą.

Bracia

Socjalizm komunizm kapitalizm
To trzej przyrodni bracia
W systemach pojedynczo i grupowo
Nie jeden z nich miał kaca.

W każdym takim nowym ustroju
Krew ludzka się gotuje
Ktoś musi być zaniedbany
Gdy o coś dla siebie wojuje.

A ostatnio jest dostatnio
Wszystko darmo - żadna praca
Ktoś jeszcze nie podniósł kieliszka
A ma niemałego kaca.

Też wolno

Grabarz - czy musi mieć smutną minę
I podczas pracy nocą czy w dzień?
Też wolno mu się śmiać i żartować

I na spacery wychodzić z psem.

Praca grabarza - nie musi być smutna
Raźnie wywija taki łopatą
Na świeżej ziemi kwiatki wyrosną
Któregoś dzionka w najbliższe lato.

O czym myśli taki grabarz przeciętny?
Bywa ubogi może majętny
Podczas wakacji i na urlopie
Czasu nie straci - sam się zakopie.

Nadzieje

Pokój na świecie - życie prościejsze
Darmowe nadzieje się nie sprawdzają
Życia danego - nie poszanujesz
Nigdy nie wrócisz - a pożałujesz.

Przekazujemy dary mądrości
Z ręki do ręki z prostej skromności
A ocalenia skupiamy w sobie
Poszanowanie równość i zdrowie.

Nadzieja miłość w sercach buduje
Szerzy się prawość w nowym odkryciu
Jest wielkim darem
      Sprawdza się w życiu.

Wrócić czasowo

Gdy myśli własne na części podzielę
Wrócić się czasowo do wczoraj ośmielę
Przeszłe obrazów cienie skieruję ku słońcu

Ścigać się będę sam wzrokowo na końcu.

Czas dnia skończony nastały ciemnice
Śniegiem puchowym pokryte ulice
Przydałoby się cząstkę jutra zaplanować
A za dzisiaj podziękować i nie pożałować.

Nie zaplanujemy przyszłości po swojemu
Mimo że jesteśmy wydawałoby się nieśmiertelni
Czas swój należny życiowy program
Spełnimy tutaj na naszej Ziemi.

Własne myśli

Ten czas jest zgoła trudną porą
Sztuczną biologii furią nietypową zmorą
Stało się dotąd wiele niecnych zbrodni
Byśmy się dobra wyrzec i nie wszyscy mogli.

Spokojnie o tym często dyskutując
Uznając w słowach potoki bredni
Nikt nie pomyślał jakie wielkie straty
Chleba żywego i przepowiedni.

Usunąć spod nóg skalistych gór zaporę
Przegonić precz sodomę i gomorę
I własnych myśli obleczonych prawdą
Być rzemieślnikiem i ambasadorem.

Nie można

Zamyśleni zakłopotani przewrotni
W wymyślonej idei lękowej
Zatroskani o życie materialne

Tracimy wartości osobowe.

My tacy wielcy wspaniali
Hołdujący i modni krwiożerczy
Zabijamy się wzajemnie ze spokojem
Co istnieniu człowieczeństwa przeczy.

Nie możemy pozostać głusi i niemi
Na niby rozumiejący niezmiennie
W zawalisku błędowych powtórzeń
W płomieniach umysłowych wynaturzeń.

Wydaje się

Zerkając w lustro gdy ranek wstaje
Że stary jestem tak się wydaje
A wiele godzin gdzieś mi wypadło
I dziwnie biały jak prześcieradło.

Troska o losy bliskich i zdrowie
Pełzające myśli w mojej głowie
I chęć do życia dalszego trwania
Z każdą się chwilą w sercu wyłania.

Dobrze rozumiem że czas jak rzeka
Wysysa ze mnie młodzieńcze wdzięki
Wkręcił mnie w swoje twarde imadło
On wie żem mocny gość z Ostrołęki.

Pomyłka

W takie coś wierzyć się nie chce
Plus czterdzieści na termometrze
Śniegiem zasypało plażę

Pomyliły się kalendarze.

Ktoś pomieszał wódkę z winem
I zabłądził z tej przyczyny
Zamiast spać pod własną kołdrą
Skorzystał ze śniegowej pierzyny.

Grypa trzęsienie nie sługa
Sen głęboki nocka długa
Ranne przepraszam i czkawka
Bałwanek śniegowa zabawka.

Ale frajda śnieżek prószy
Nic dziwnego jutro luty
Jak popada nockę całą
Pomaluje świat na biało.

Odkrycie

Pani Tereska odkryła newsa
Ciekawie oczętami spogląda
Ktoś tu lekko zażartował
To nawet śmiesznie wygląda.

Pani pomyślała przez chwilę
I odpisała na newsa
Ten pan co był na fejsbuku
Ze śmiechu wywrócił się z krzesła.

A w końcu się kiedyś wydało
Temu panu nic się nie stało
I po kościach się panu rozeszło
A szkoda musi kupić nowe krzesło.

Powrót Joanny

Dzisiaj w niedzielę Nasza Joasia
Córeczka Tereski i Pyska Stasia
Specjalnym extra rządowym lotem
Wraca do domu w Chicago z powrotem.

Jesteśmy Joasiu z Tobą myślami
Płyniesz w przestrzeni nad obłokami
Jak wylądujesz puść esemeska
Czekamy - Tata Staś i Mama Tereska.

Zabłysnąć

Czy zostać świętym jest łatwo?
I zabłysnąć na obrazie
Trzeba być Ojcem i Matką
Kimś niezwykłym w każdym razie.

Na obrazie z brzuchem wypiętym
Dumnym z siebie i nadętym
Dalej to się myśleć nie chce
I świętości się odechce.

Zasłużyć się pracą ofiarną
Pracować bez żadnej wypłaty
Udać się do Nieba w nagrodę
Zostawić do spłaty raty.

Serca

Boskie moce sprawiły że nam żyć przypadło
Walczyć o wolność trwożyć i tyrać na jadło
Własne dole dążenia marzenia i troski

Rzucić na potężne stalowe kowadło.

Serce mężne i skromne wykonać zamierzam
Wielkim młotem w radosnej otusze uderzam
Rzetelnie z wielką mocą nade wszystko pilnie
By dokończyć to dzieło Boskie nieomylne.

I stało się prawdziwie i zakwitło nowe
Serce którego nie rozbiją pięści cyklopowe
Co wzmacnia prawdę i rozpala duszę
Nigdy nie ulegnie złej władzy żądzy i pokusie.

Głos wewnętrzny

Mój głos wewnętrzny wie o mnie wszystko
Troszkę udaję że go nie słyszę
Bywa czasami tak bardzo słaby
Coś go przerywa łamie sylaby.

Mój głos wewnętrzny lubi się stawiać
I w jakimś celu na coś namierzy
On daje sygnał że we mnie wierzy
A ja mu ufam bo mi zależy.

Ja i mój głosik dobrze się znamy
Bardzo się cieszę że się zgadzamy
Wspólnie biegamy razem po parku
Dzielimy równo tą samą miarką.

Plany

Nie jest łatwo zmienić plan
Przekonał się pewien Pan
Dużo dzieje się na planie

A co na to Piękne Panie?

Do kosmetyczki zawarte drzwiczki
Później by się pobawiło
Dyskusje kapryśne przytyczki
Wszystko dobre się skończyło.

Cały tydzień haru - haru
Wirus - omijanie baru
A w sobotę na odzysku
Smutny gość o suchym pysku.

W niedzielę po cichej nocy
Mąż z żoną przejrzeli na oczy
Wszystko się poukładało
Aż korek z szampana wyrwało.

Prośba

Prosi o wodę kwiatek w doniczce
           Chociaż kropelkę ja już się duszę
Kwiatuszek błaga   podlej mnie miła
Tego Babunia nie uczyniła.

Babcia nie mogła spełnić życzenia
Z czymś niewidzialnym nagle się starła
Wpatrzona w kwiatek swój ulubiony
Westchnęła cicho we śnie zmarła.

Kwiatek Babuni wierność dochował
I upodobał to miejsce sobie
Odtąd codziennie z rosą poranka
Stróżem Aniołem na Babci grobie.

Randka w ciemno

Dziadek na randkę wybrał się w ciemno
Dziwna myśl w głowie mu zaświtała
Dogadza Babci przez całe życie
I tak po prostu mu spowszedniała.

Dziadek randkę wygrał w ciemno
Z radości aż spadła mu czapka
Zamiast nowo poznanej partnerki
Na widowni ukazała się Babcia.

Wtedy Dziadek doznał szoku
Mowę stracił na pół roku
Teraz o skruszonej mince
Randka na widno - Dziadek na lince!

Morał jest taki na tym przykładzie
Babcia działała w ekstra wywiadzie
A nie była kuta w ciemię
Od tej pory jest przyjemnie.

Przypadek Babci

Chcesz walczyć z wiatrem to się doigrasz
W Sądzie Najwyższym sprawy nie wygrasz
A najgorszego można się obawiać
Wiatr zrywa dachy i może zawiać.

Nie wychodź Babciu prosił Wnuczek
Na dworze zimno wiatr rwie gałęzi
Babciu pomyśl - jest wiatrzysko!
Jeszcze suczka się przeziębi.

Nie posłuchała Babcia Wnuczka
Wyszła z jamnikiem i to się stało
Zanim zdążyła krzyknąć   ratunku!
To ją wiatrzysko w górę porwało!

Fruwała Babcia z pieskiem godzinę
Dziadek na lince przyciągnął Babcię
Suczka jest w szoku straty niewielkie
Wiatr porwał Babci nowiutkie kapcie.

Dieta

Obywatele co nie chcą a muszą
Poszczą dni nawet tygodnie
Udzielają się wymownie
Mają problem zapiąć spodnie.

Diecie jednakowej wierni
Kalorycznie mięsożerni
Co w teorii jest zdrowotne
Sylwetkę pogrubia zalotnie.

Dobrodzieju miej odwagę!
Ot po prostu stań na wagę!
Policz kropki działaj w ruchach
Życzę zdrowia i pogody ducha.

Wierność

Kiedy Ojczyzna sobie wierności dochowa
Gdy sumienia ludzi pobudzi od nowa
W ciszy zagorzali partyjni judasze
Przestaną się wadzić o wszystko co nasze.

Wprowadzane reformy przez nowe rządy
Tak wielkie wątpliwości budzi
Zbrojenia i dążenia ku zagładzie
Nie mają nic wspólnego z dobrem ludzi.

Martwa cisza herezja i zwidy
Nic się po wiwatach nie zmieniło właściwie
Oprócz prób do nowego poddaństwa
Podeptane buciorami dziedzictwo rodzącego państwa.

Przeszłość

Stulecia przeszłe i zapomniane
Mrozy i skwary przeminione
Trwogi i groźby przemilczane
Sławy i czyny przetrawione.

Nikt nie jest w stanie dowieść
Na czym polega życie ziemskie
Chociaż wydaje się to normalne
Zazwyczaj proste i zwycięskie.

A nasze grzechy popełniane
Przez samych siebie odpuszczane
Niechaj ten trud już rozpoczęty
Stanie się uroczystym świętem.

Cicha noc

Cicha nocy uśpiona spokojna
Czarnej płachty pierzasta osłona
Szepcze sny i tajemne słowa
Księżycowym blaskiem olśniona.

Utrudzeni za dnia i niemało
Wiele spraw się na dziś nazbierało
Nogi bolą zapadł wieczór na dobre
Czas najwyższy się wsunąć pod kołdrę.

Świat do snu po dnia trudzie się garnie
Na ulicach rozświetlone latarnie
Ciemno w oknach i pustki na przystankach
Do zobaczenia z samego ranka.

Nowe prawa

Mówią o tym z lewa i prawa
Okoliczność nie jest ciekawa
Popisowo uchwalono
Zakaz oddawania brawa.

Nastał problem że tak powiem
Widać to i nawet czuć
Zamiast głośno klaskać w dłonie
Od tej pory trzeba pluć.

Pluć przed siebie na sąsiada
Zgodnie z programem i żwawo
Na ile śliny wystarczy
Tak wygląda pisane prawo.

Czerwone róże

Śliczne róże czerwone w ogrodzie
Dorodne smukłe pachnące
Kuszące lśniącymi listeczkami
Prosiły o deszczyk i słońce.

Nie wszystko się może spełnić
W marzeniach i samej naturze
Pan wracał właśnie do chaty
I wyciął czerwone róże.

Dorodny bukiet różany
Przez Panią przyjęty z podziwem
Czy róże w złotym flakonie
Od teraz są tak naprawdę szczęśliwe?

Dziwy

Dziwy dzieją się na świecie
Anomalie pogodowe
Ekonomiczne i polityczne
Wiele spraw na jedną głowę.

Na czasie są wstrząsy społeczne
Wrzaski bluzgi wniebogłosy
Ktoś łysy przez całe życie
Upomina się teraz o włosy.

Gdzie prawdy powinno się szukać?
Drzwi nie wstawili a każą pukać
I z niewidzialnym czymś się mocować
Nie ma jaj - to co kastrować!

Duszka

Hej duszko droga w mojej osobie
Jesteś w mym sercu i ufam tobie
Obdzielasz prawdą i żartem cucisz
I nie opuszczasz i nie zasmucisz.

Duszko udzielasz się moce razy
Przed moim wzrokiem tworzysz obrazy
W moim serduszku kwitną miłości
Bratniej dobroci polotowości.

Duszyczko tobie kłaniam się często
Wspólnie dzielimy każde zwycięstwo
W Pyska wierszyki wkładaj pociechę
Darz czytelników słodkim uśmiechem.

Przemijanie

Często się mówi o globalizmie
O jednej władzy jednej ojczyźnie
O jednym królu jednej mamonie
Aż w sercu krwawi potnieją skronie.

Niechaj w temacie prawda rozbłyśnie
Król się udziela nadto kapryśnie
Ktoś kto podważa monarchy racje
Osiąga spokój - wstępne wakacje.

Wieki przeminą niechybnie w czasie
Mury zburzone - została brama
Bez względu na to co człowiek zniszczy
Ziemia dla wszystkich będzie ta sama.

Newsy

W internecie spec - nygusy
Wrzucają fuksjowe newsy
Okryte nie prawdą i fałszem
Słuchać tego wstyd i patrzeć.

Na skutek newsa migawki
Ktoś przeczytał dostał czkawki
Z huśtawki się zsunął pochopnie
I przeżegnał się odwrotnie.

Chronić umysł przed fuck newsem
Zdobyć się na chwilę odwagi
Przed użyciem internetu
Fuck newsy na wadze zważyć.

Niedoskonałość

Niedoskonałość rzuca się w oczy
Daje się odczuć na każdym kroku
W dni powszednie niedziele i święta
I na przestrzeni całego roku.

Niedoskonałość można ulepszać
Eliminując własne słabości
Aby najdłużej życie zachować
Na gimnastyce stres rozładować.

W ramach dobrego samopoczucia
W lesie na podwórku na wietrze
Ktoś wyraził się właściwie
Nic od sportu jest nie lepsze.

Nuda

Czy nuda jest formą rozrywki?
Czymś co łatwo się przyjmuje
Bez pracy jedzenia przygrywki
Nawet nieźle do czasu pasuje.

Dozwolone jest się nudzić
Byle przy tym nie marudzić
Nietoperza nie udawać
Nie we wszystko wiarę dawać.

Nudne pląsy wieczorowe
Sam ze sobą ktoś się pożarł
Można to nazwać bezsensem
Ale jak się nudzić z sensem?

Historia

Historia nieustannie zatacza kręgi
Losem czasu znaczona wyobraźnią szyta
Wzniosła zapisywana w kronikach dziejowych
Często nierozumiana tajemnie okryta.

Historio nieubłagana niczym otchłań mroczna
Ludów napiętnowanych sodomą karmiona
Nigdy nie ukończona pokolenia praca
Najwyższe cele przed sobą wyznacza.

Historio pełna troski o to co się stanie
Pełna cierpliwości wielu niespodzianek
Częściowo zapisana w umysłach i księgach
Czujna i sprawiedliwa życiowa potęga.

Młodość

Młodości moja w znakach przeszłości
W dzikich porywach i zuchwałości
Niespotykaną tęsknotę czuję
Losów szaleństwa nie pożałuję.

Młodości przemkną nim się spodziewasz
I nieuchronnie jak w oka mgnienie
Patrzysz w lustro któregoś ranka
Wtedy zrozumiesz skąd to zdziwienie.

Miłości dumne płoche namiętne
Marzenia zakochania i sprawy trudne
Niezapomniane i przyjemniejsze
Mądrzejsze mądrością - rozumem rozumniejsze.

Dane nam

Dane nam podziwiać różnorakie cuda
Krajobrazy posrebrzane ze wstającym świtem
Dane nam podziwiać malarskie obrazy
Farb dobieranych gustownie tworzonych błękitem.

Dane nam wierzyć ziemiańskim tułaczom
Przywyknąć do mgieł i gwiazd oddalenia
Kiedyś czasowa nas opuści fala
Odetchniemy w pokoju co wieczność utrwala.

Dane nam prawo do życia w pokoju
Które łamiemy tysięcznymi razy
Inwestujemy w bratobójcze wojny
Czas nas rozliczy nie na sposób hojny.

Prawda o życiu

Prawda o życiu Boska nam dana
Ta przed wiekami i ta dzisiejsza
Bóg nie wymaga by na kolanach
Przed posągami z kamienia pełzać.

Brak wiary w Boga i człowiecza chciwość
Buta zaprzaństwo i niesprawiedliwość
Władcy o fortun sumy się wadzą
I do zagłady świat doprowadzą.

Jesteśmy wolni mamy równe prawa
Bez względu na poglądy i kolory skóry
Opatrzność Boską z jednakową troską
Czyste powietrze i kłębiaste chmury.

Teoria

Dziś się teoria pewna rozprysła
Może nie wszyscy to akceptują
To nie dotyczy grupy wariatów
Tylko o zdrowych zmysłach wariują.

A nowych teorii jest coraz więcej
Co w praktyce się nie godzi
Ktoś teoretycznie umarł
Praktycznie się nie urodził.

Bywa często że teoria
To nie sprawdza się w praktyce
A można to zauważyć
W prowadzonej polityce.

Pęd duszy

Wyraźnie czuję pęd mojej duszy
Rozmiłowanej w płomiennej zorzy
To się staje najprawdziwsze
Miłość i radość w sercach rozmnoży.

W ciemnicy nocnej wijących cieni
Na połów wyrusza mój dobry duch
We własnych myślach zniewolony
Niczym płomienny stróż.

Jasność nastaje ciemność odeszła
Świat obudzony szelestem drzew
Ocean dalą zrównał się z niebem
Czasu dopełnia ptaszyny śpiew.

Noc

Noc otuliła moje Lawrence
W rynnach woda cicho płacze
Kot zamiauczał świerszcz zaskwierczał
W gałęziach wiewiórka przemknęła.

Iść bez celu w dal samotnie
Dokąd cienie mi wyznaczą
Czarna noc ulice puste
Własnych myśli żyć rozpaczą.

Więc lepiej losu nie kusić
Usiąść wygodnie w fotelu
Samopoczucie polepszyć
I przeczytać Pyska wierszyk.

Nieuniknione

Strachem przeszyci zaryci w bólu
Może w ostatnich oddechach dzionkiem
Kto przeszłości normalność zmienia
Podlega mocy krainy cienia.

Pełen frazesów ekran przyszłości
Tępe buczenia lękiem przeszyte
Oczy wykłute w domach starości
Nieprzypadkowo - nie ma litości.

Nieuniknione jest coraz bliżej
Ciemność się troi jest coraz niżej
Jeżeli w porę się nie ockniemy
Nie stać nas będzie nawet na krzyże.

Inność

Żyjemy w świecie zupełnie innym
Niż nam się często wydaje
A jako ludzie prości niewinni
Na ile tylko myśli nam staje.

A nasze domy teraz otwarte
Szkoda bo w zamkach zabrakło kluczy
Niewidzialni goście wchodzą
Czegoś nas to powinno nauczyć.

Zmiany

Rok kolejny barwy zmienia
Mowy sypią się dla ludu
Co godzinę objawienia
Niespodzianki pełne cudów.

A prognozy w szwach pękają
Sytuacja dziwna taka
Dolary franki złotówki rzucają
Nad głowami z lotu ptaka.

Niewidzialne siły straszą
Powodują w mózgach dramy
Gdy się dziś nie obudzimy
Do jutra nie doczekamy.

Najzwyklejsze słowa

Mówi się o poetach co cenią uczciwość
O prawdziwości co zawiera szacunek i miłość
Liczni ganią politykę i zbędne frazesy
Niektórych to dziwi a być może śmieszy.

Pisać i tworzyć i o coś się droczyć
Przy tym otwarte mieć oczy szeroko
Wierzyć że jutro się lepsze okaże
A to się spełni co sobie wymarzę.

Wiersze zawierają różnorakie myśli
Skojarzenia fakty czasowe zdarzenia
Trafnej oceny duchowa rozmowa
To w pięknej poezji najzwyklejsze słowa.

Witaj luty

Do lutego parę dzionków
Na termometrach minusy
Wiatr rozhulał się na dobre
Gdzieniegdzie śnieżek poprószył.

Minęły świąteczne sensacje
Mikołaje udali się na wakacje
Radzę włożyć ciepłe buty
Żegnaj styczniu witaj luty.

Sen o jutrze

Można pomyśleć że wszystko na nic
Nasza codzienność nie zazna końca
A bez istnienia nie stworzy cienia
Co jest zasługą promieni słońca.

Życie codzienne drożne rozstaje
Nie jest tak piękne jak się wydaje
Praca nauka i obowiązki
Niedokończone stronice książki.

Czy sen o jutrze sprawdzi się jeszcze?
Poranek przyjdzie z rzęsistym deszczem
Nowa się siła w ciele wyzwoli
Wszystko się spełni jak Bóg pozwoli.

Lekkość

Stąpam po wąskiej leśnej ścieżynce
Samotny w dziwnej beznadziei
Nie zważam na pasma chmur ciągnące
Na wysokości leśnych kniei.

Czuję ten żywioł przestrzenny
Jakże odmienny od codzienności
Mógłbym tak bujać w obłokach
Nawet do nieskończoności.

Nagle ścieżynka się rozmyła
Lekkość ogarnia moją duszę
Oddałem coś z samego siebie
Jestem na Ziemi i jestem w Niebie.

Wybierać

Wspomnienia z dawnych lat minionych
Nadziei zwierzeń miłości tlących
Ciepłych poranków i cudnych zmierzchów
Liści opadłych i wierzb płaczących.

Zdani na losu swojego łaski
W miarę ciągłego lat przypływu
I bez gwarancji co z nami będzie
Na dole własne żadnego wpływu.

Czas się rozwija dzionki zabiera
Jakie jest wyjście musisz wybierać
Na dnie zimowe wino wyborowe
Melodie skoczne i nastrojowe.

Rzeczywistość

Życie złożone jak forma mistrzostw
Nasza codzienność to rzeczywistość
Myślę pracuję pragnę wybieram
I z własnej woli o coś się spieram.

Wiele nie trzeba a może się zdarzyć
I w zimnej wodzie stopy poparzyć
Pomylić dietę i się utuczyć
Czegoś nie umieć a tego uczyć.

Być milionerem udawać sknerę
W podróż poślubną wybrać rowerem
W piasek gorący czuprynę chować
Wpierw wylądować później startować.

Duszyczki

Nasze duszyczki dane nam przez Boga
W okresie życia rozwijane w ciele
Na sposób mądry i wesoły
Na ile czas pozwoli wcielane w Anioły

Jak długa i niebezpieczna jest duszyczek droga
Ścigane dumą grzechem i porą powszednią
Krętymi szlakami nieznanych przyszłości
Zmierzają ostatecznie ku Boskiej jasności.

Stawiam pytanie gdy to się stanie
Duszyczka posiądzie skraweczek Nieba
Zapłonie ogniem wiecznej miłości
Nieustającej otuchy doda.

Stan konta

Niby sam z siebie problem się stworzył
Nie jest to śmieszne ani wesołe
Felek po wpłacie sprawdził stan konta
Nagle mu oczy stanęły w kole.

To niemożliwe co to ch...
Jedynka z przodu zniknęły zera
A to nie wszystko i na dodatek
Oszczędności wcięło został podatek!

Nie do pojęcia co tu jest grane?
Może grosiki były wyprane
Zera porwały siły nieznane
Ktoś tu powinien mieć przechlapane!

Jestem sobą

Program życiowy że się wyrażę
Zawiera strony minionych zdarzeń
Coś się otwiera i wnet rozbłyśnie
Buduje wiedzę w naszym umyśle.

W mózgu powstają procesy duże
Ktoś nam maluje czerwone róże
Pozwala myśleć i mieć nadzieję
Że jestem sobą i to się dzieje.

Teściowe

Teściowe jako zastępcze matki
Lubią prezenty wino i kwiatki
Kochają bardzo własne synowe
Zjawisko rodzinne bardzo typowe.

Teściowa własny program wymusi
Wcale nie musi a często kusi
Ale ten proces nie jest przegięciem
Na balu flaszkę rozpije z zięciem.

Teściowa zawsze podoła biedzie
Jest nieugięta i się nie cofa
Nie jeden zięciu tego doświadczył
Jak przypadkowo zarobił kopa.

Dowcip

Rozsądnie podchodzić do pewnych spraw
Nie trzeba chwalić się magistratem
Ktoś kto rozmawia ze samym sobą

Wcale nie musi a jest wariatem.

Dostać mandacik i na postoju
O pomstę często do Nieba woła
Brak kierownicy i podchmielony
Dojechał ale już na trzech kołach.

Problem jest teraz tutaj na czasie
Ale nie wszystko spełnia się w czasie
Kto by pomyślał dotrzeć do celu
Bez czterech kółek i na zapasie.

Wyobraźnia

Czy uda się wpłynąć na swój los?
Odeprzeć atak na cios
Fortunę której nie ma przepić
Bałwana w powietrzu ulepić.

W wyobraźni można zrobić i chcieć
Ale trzeba jeszcze ją mieć
A Boże broń w tym przesadzić
I do krachu doprowadzić.

Wyobraźnia bywa zmienna
W zależności od nastroju
Ludzie zanim coś wymyślą
To z reguły to potroją.

Wymysły

Ten kto wymyślił niektóre znaki drogowe
Miał zaburzenia zmysłowe
To prawdziwe - żadna ściema

Skręt w prawo a drogi nie ma.

Powinno każdemu zależeć
Broń Boże na Stopie! Nie siedzieć
A za leżenie na pasach
Odsiadka albo w zawiasach.

Pomyśleć

Może pomyśleć tak każdy
Że w kłamstwie jest trochę prawdy
A może się zdarzyć odwrotnie
Ten zrozumie jak go to dotknie.

Kłamstwo działa od zarania
I wciąż są nowe wydania
Niesprawdzone wiadomości
Pomówienia i przykrości.

Łatwo kłamać i dowodzić
Trudniej jest prawdy dochodzić
Nie opłaca się kłamać
Zdarza się język połamać.

Przesada

Opowiadanie o pewnym typie
Co stękał na swojej stypie
Przewracał na boki i tarzał
Do tego źle się wyrażał.

Na dodatek opluł sąsiada
To chyba lekka przesada
Opluć tak za niewinność

Odchodząc w istnienia inność.

I wtedy z karą się zmierzył
Za owe zaczepki przebrzydłe
To pastor wkurzony go uderzył
Niechcący metalowym kropidłem.

Krasnoludek

Wszystkiemu jest winna wódka
Dotyczy to krasnoludka
Miał się oświadczyć sierotce Marysi
Poszedł miernota do Krysi.

Zabłądził do wilczej jamy
Z okrzykiem został witany
Przez pana wilka ochoczo
I schrupany na roboczo.

Wynalazek

Szef wielkiego instytutu
Kiedyś zawiódł się sromotnie
Wynalazł taki termometr
Co mierzy stopnie Celsjusza odwrotnie.

Doświadczył to na wywodzie
Odmroził stopy w gorącej wodzie
Robi miny głową kręci
I miewa zaniki pamięci.

Do snu się budzi jak wstaje
Dziwne okrzyki wydaje
I śmieje się często do słońca

To skutki działania gorąca.

Takie czasy

Kupił piękną złotą bramę
Był bogaty i miał prawo
Sąsiedzi płakali ze szczęścia
Pół roku bili mu brawo.

Złota brama się zawzięła
I nigdy się nie zamknęła
Ani na lewo ani na prawo
Innymi słowy zepsuta - brawo.

Nic dziwnego takie czasy
A jak się czują zawiasy?

Nie musi - loteria

Koń nie musi bać się bata
Los nie musi figli płatać
Chociaż nie wyrazisz zgody
Możesz odejść z tego świata.

Wielki sukces prawie dość
Szóstkę w totka trafił gość
A teraz na płacz go zbiera
Wylosował same zera.

To loteria zwykły pic
Wypłacili mu to nic
Ale to jeszcze nie powód
Żeby ze sobą wziąć rozwód.

Ronda

W Europie w pewnym mieście
Byłem tam i wiem to stąd
Na jednym ogromnym rondzie
Działa sto maleńkich rond.

Ktoś to stworzył takie dzieło
A inni to podchwycili w porę
Powinien się skontaktować natychmiast
Z psychicznym od mózgu doktorem.

Kto pokona takie rondo
Wiedzą sprytem się wykaże
Opuści je w ciągu doby
To jest naprawdę szczęściarzem.

Baba Jaga

Kłopot i typowa zgaga
Baba Jaga na wydaniu
Którejś zimowej niedzieli
Zastąpiła pastora w kazaniu.

Trajkotała co koń wyskoczy
Ludzie wytrzeszczali oczy
Ktoś się nawet w żabę zmienił
To zły szatan literki podmienił.

Ten kto Babci kazanie spłodził
Niechybnie geniuszem być musiał
Koniowi puściły nerwy
Dotąd śmieje się bez przerwy.

Falstart

Wylądowali na Księżycu
Wpisali się do księgi zażaleń
Nie było picia gorzałki
Tylko piwo bezalkoholowe.

Po jednej beczce na głowę
Bez procentów alkoholu
A jeszcze ten blask księżycowy
O radości nie ma mowy.

Powrót długi ciężka praca
Najgorzej na trzeźwo wracać
I jeszcze od razu do pracy
Jak to sobie wytłumaczyć?

Tak to jest

Najpierw spóźnił się pan
Później spóźniła się pani
Trzeci spóźnił się ich pies
Nie wszyscy są punktualni
Tak to już jest.

Ktoś przybył w ostatniej chwili
A wszyscy duże oczy zrobili
Przerwał im Walkę o Tron
Poszli won!

Spóźniać się można powoli
Ponoć niektórych to boli
Choć to prawdy tylko ćwierci
I nie dotyczy śmierci.

Nie był

Nie był niemową
Tylko zamknął się w sobie
Domy publiczne bez dotacji
Nie - polityczne do likwidacji.

Sztuką jest skręcić samochodem
Jednocześnie w prawo i w lewo
Do tyłu i prosto
      A może znaki zignorować
Wysiąść i zaparkować.

Myślenie za kierownicą na rondzie
I rozmowa na laptopie
Może zakończyć się niewiedzą
I lądowaniem na Stopie!

Nie życzy sobie

W dwudziestym pierwszym wieku
Nawet miesięczne niemowlę
Nie życzy sobie - i
Zwracać się do niego na Ty.

W naszych czasach śnieg
Nie może się rozpuścić
Nawet w lipcu na plaży
Bez zezwolenia władzy.

W pewnym kraju

W pewnym kraju na jednego żołnierza

Przypada 99 generałów
Nieźle musi się żołnierz wyrabiać
Żeby honory oddać każdemu z osobna
W tym samym czasie.

Bardzo łatwo jest się zdenerwować
Pogryźć samego siebie
Z wyjątkiem głowy
We śnie można być wszędzie
Tylko nie w Sejmie.

Prawdziwie to liczą się cytry do dziesięciu
Reszta to już tylko podróbka
Udzielać się politycznie
Niekoniecznie trzeba skończyć szkołę
Rodzenia dzikich pomysłów.

Heretycy nie wierzą w nic
Nawet w to że żyją.

Operacja i

Kardiolog oddał własne serce pacjentowi
I z dobrym skutkiem
Sam przeprowadził operację
Smutne - miał swoje racje.

Bez bajeru w polityce
Nie ma mowy o podrywie
Poseł po piwie
Wydanie nowe bezprocentowe.

Lot bociana do Afryki - napęd jądrowy
Trwa tylko minut piętnaście

Jak wygląda gniazdo po wylądowaniu
Sami sobie wyobraźcie.

Warunek

Teoretycznie każdy może być cesarzem
Właścicielem własnych marzeń
Rozumieć jak szumią wierzby
Warunek - musi być trzeźwy.

Do prawdy dochodzi się latami
A do nieprawdy też bardzo często
Woda święcona jest droższa
Od wody studziennej.

W grę wchodzi kropidło
I typowe mydlenia duchowe
Związane ze strachem
Zwyczajnym obciachem.

Jednakowo

Odwrotnie przeczytać tę samą książkę
Ale o innej treści
     Zrozumieć jednakowo
        Graniczy z cudem.

Czy jest prawdą?
     Że zęby drewniane są ekologiczne
        Dlatego mniej kosztują i rzadziej bolą.

Pomysł Dziadka

Pewien Dziadek miał pomysła

I zachował się genialnie
Zakochany bez pamięci
Kupił dla Babci kwiaciarnię.

Pomysł ten był idealny
Dziadek tutaj jest geniuszem
Babcia tym gestem olśniona
Ucałowała Dziadka wzruszona.

Zgoda i odpowiedzialność
Wiele miłości szacunku niesie
Od 21 stycznia Babcia i Dziadek
Udzielają się w biznesie.

Duży problem

Duży problem braki w armii
W rekrutacji same spadki
Z Monu wpadli na pomysła
Do wojska chcą wcielać Babcie.

Pomysł spalił na panewce
Dziadek co jest weteranem
Nie wyśle Babci na misję
Stąd w rządzie takie dymisje.

Nasze Babcie nieomylne
Prężne mądre duchem silne
Przewidziały co jest grane
Ktoś może mieć przerąbane.

Nieposłuszeństwo

Pewien Dziadek trochę dziwny

Nie posłuchał rady Babci
Zamiast do zimowych butów
Przykręcił łyżwy do kapci.

Nieposłuszeństwo ma swoje skutki
Amnezja tak to wyrażę
Dziadek na łyżwach w lipcu
Wybrał się na dziką plażę.

Wrócił bardzo opalony
Łzy ociera po kryjomu
Otrzymał od Babci w nagrodę
Zakaz opuszczania domu!

Smagani

Człowiek okryty brakiem sumienia
Grzechy przodków na plecach dźwiga
Z duchem się droczy i w ciele zmaga
Mądrość zanika a ból się wzmaga.

Smagani własnej chciwości biczem
Bierni na krzywdy sobie czynione
Bogaci biedni w jednej osobie
Zaśniemy kiedyś we wspólnym grobie.

Nie musimy

Nie musimy już od dzisiaj rankiem
Do sklepu po chlebek biec
Możemy wyjęty prosto z pieca
Pokroić i z serkiem zjeść.

Chlebek upiekła panna Joasia

Córeczka Tereski i Pyska Stasia
Ze świeżej mąki bez szczypty soli
Niebo w buziakach nic już nie trzeba
Asieńka - Mistrzem w pieczeniu chleba.

Nie jesteś gorszy

Nędzarzu w chaosie zagubiony losie
Nie jesteś gorszy od wieprza w okraszonym sosie
Ty co swoją duchowość niesłychanie zniżasz
I przed złym duchem nierządu stale się poniżasz.

Nie musisz w swojej obronie
                    Używać miecza
Czas nadejdzie i wyrówna rachunki
Zniweczy plany złego i jego gatunki.

Akordy polityczne

Akordy polityczne nie milkną
Władcy cięgiem o władzę się gryzą
Na ulicach wychudzeni bezdomni
Resztki jadła z ulicy liżą.

Emeryci renciści i ubodzy w duchu
Uwięzieni w klatkach w bezruchu
Czekają na ostatnią kolędę
Bozia dzwoni wkrótce do was przybędę.

Śniegu nie ma a bałwana każą lepić
Psa wściekłego lepiej uśpić czy zaszczepić?
Krowie w nocy ukradli cztery cycki
O sto procent zdrożał ser tylżycki.

Program Joanny

Udzielam się w ciszy i słyszę
Jak Córeczka Joasia naciska na klawisze
I tworzy programy najlepsze
A ja Pysek rozmyślam nad wierszem.

Za oknami słonecznie mały mrozek
Po sąsiedzku pies ujada z podwórka
Na parapecie okna naszego domku
Pojawiła się kosmata wiewiórka.

Wspomnienia

Wspominamy piękne chwile
Spędzane w gronie rodzinnym
Na wsi polskiej nad rzeką Narwią
Przyjrzyjmy się owej chwili
Jak tam wszyscy się wspaniale bawili.

Babcia Jasia i Dziadek Oleś
Bardzo zajęci z samego ranka
Przy pomocy swoich Dzieci i Wnucząt
Ulepili śnieżnego bałwanka.

Siwy konik ciągnął sanie
Po górskich krętych steczkach
Z tyłu wnuczki na saneczkach
Dziadek Oleś na konika cmokał
Babcia Jasia otulała Wnuczęta w szaliki
Na saniach do Ameryki.

Dzień Babci i Dziadka

Wesoło kulturalnie zgodnie z tradycją
W czasie upływu wspaniałych dzionków
Obchodzimy Dzień Babci i Dziadka
Na każdego roku początku.

Nasze Kochane Babcie i Dziadkowie
Ci żyjący i Ci w Niebie
Jasia Brońcia Antoś Oleś
Serdecznie Was pozdrawiamy
W modlitwach jesteśmy z Wami.

Kochamy Was

Jesteśmy z Wami po wieczny czas
Wnuczki Prawnuczki i Praprawnuczki
Wszyscy zgodnym chórem z bliska i zdali
Bardzo swoje Babcie i Dziadków kochają
Mile o nich wspominają
I zawsze o nich pamiętają.

Dawno temu

Dawno temu to się działo
Wspominamy o tym latoś
Grzyby z laseczka w koszyczku
Przynosił Dziadek Antoś.

Babcia Brońcia przyrządziła udziaki
Smaczną zupkę gotowała
Po obiadku cała Rodzinka
Na spacerek się wybrała.

Inny świat

Mikołaj Kopernik zatrzymał słońce
Poruszył ziemię bez swojej winy
Dużo ćwiczył na siłowni
Skutki wysiłków do teraz widzimy.

Między wodną a falą życia
Żadna różnica
Pierwsza przepłynie
Druga przeminie.

Miał szansę zostać królem
Ale on wolał zostać zającem
Chyba przesadził w sałacie
I macie.

Pomyłka

Narysował na obrazie własne sumienie
Pomylił farby
                    wyszły dwa garby.

Czy komuś się kiedyś uda?
Podczas patrzenia w lustro
Nie widzieć własnej twarzy
Tylko niewidomemu - smutne.

Gdyby tak pomyśleć trochę
Przestać igrać z małym ogniem
Niepozorne malutkie iskierki
Zamienią się w płonącą pochodnię.

Donikąd drogi nie ma za dnia

A co dopiero wieczorową porą.

Tupet

Trzeba mieć tupet żeby się pomylić
    I zamiast sadzonek leszczynki
        Posadzić zwyczajne drabinki.

Odejść z tego świata
    Nie jest tak łatwo
        Jakby się mogło wydawać.

Ktoś kto próbuje udowodnić
    Że powietrze szkodzi
        Niech przestanie oddychać.

Odwrotne skutki
    Do pustej głowy
        Wtłoczona mądrość
            Może wywołać odwrotne skutki.

Sztuką jest przypalić
    Mleko na słońcu
        W grudniu w środę po południu.

Wcześniej znaleźć
    A później zgubić
        Da się polubić.

Wymysł

Chciał na siebie zwrócić uwagę
Wymyślił odwagę
I dzielnie się uśmiecha

Pociecha.

Aby dożyć spokojnej starości
Nie zaniedbywać młodości.

Sobie bić brawo
                    A jeszcze z rana
Sprawa wydaje się podejrzana.

Poczekać

Dlaczego ludzie
Tak często głowy tracicie
Poczekajcie aż pogłaska
Was po głowach życie.

Zaczynać od zera
To już jest coś.

Każdy człowiek bez wyjątku
Jest właścicielem całej Ziemi
Ale tylko przez czas określony.

Licencja

Ukończył Wyższą Szkołę Bujnej Wyobraźni
Z licencją do bujania w obłokach.

Jak się pozbędziesz biedy
Co wtedy?

Najpierw przepłyń rzekę wpław
Dopiero później się baw.

Newsy Tereski

Wieczór - dziewiąta trzynaście
Z kominka ciepełkiem jarzy
Tereska na komputerku
Waży los newsowych zdarzeń.

Wrzuca do sieci programy
Coś dopasuje wymyśli
Z Marzenką pogawędzi
Mówi prawdę i nie zrzędzi.

Kreszerek

Kreszerek do Princeton się zbiera
Podskakuje ile da się
Za około pół godziny
Pożegna się z Tereską i Joasią i Stasiem.

Cześć Kreszerek miły piesku
Będziemy tęsknić za tobą
Wspominać zimowe spacerki
Niesamowite podskoki i gierki.

Zdalnie

Nasze czasy są banalne
Prawie sterowane zdalnie
Nietypowo nawet srogo
Wydaje się że nie za drogo.

W internecie można wziąć ślub
Oberwać za darmo w dziób
I odbyć spowiedź powszechną

Posłuchać muzyki techno.

Polityczną sławę zyskać
Udzielać się na igrzyskach
Dobre od złego odróżnić
Ale czy uda się zdalnie wypróżnić?

Coś kosmatego

Wydarzyło się to w piątek
Pięknego poranka i na początek
Unosząc ręką rąbeczki kołdry
Ktoś się odezwał   Pysek dzień dobry.

Coś kosmatego rusza się w nogach
Piesek Kreszerek wyjrzał spod kołdry
Całkiem mi mowę zamurowało
Piesek raz drugi mówi   dzień dobry.

Odpowiedziałem   witaj Kreszerek
Podał mi łapkę i ruszył wąsem
A jego polski jest perfekcyjny
I niespodzianką z niemałym wstrząsem.

Kosmos

Zanim pazur czarna wciągnie mnie w czeluści
Nim z mojej piersi oddech ostatni uleci
Chciałbym się przyjrzeć niebieskiemu Niebu
W przestrzeń błękitną beztrosko polecieć.

Co teraz czuję pływając na wietrze
Ogromną radość usidloną w pierścień
Złączony magnez duszy połączonym losem

Pragnienie wiecznego związania z kosmosem.

Mowa ojczysta

Z moją mową ojczystą poznaję odludzie
W różnych scenach filmowych językach się gubię
Jesteś ze mną na co dzień w radości i trudzie
Moją dobroczynnością   tak bardzo ciebie lubię.

Kim byłbym bez ciebie moja droga mowo
Udzielasz dobrej rady codziennością nową
Witam ciebie na dzień dobry
Miłe polskie słowo.

Mowo polska ciebie kocham pozdrawiam i lubię
Często się w nowym świecie tak po prostu gubię
Dla ciebie często nucę kołysanki strofę
Wydaje mi się że jak każdy jestem filozofem.

Poezja

Poezjo prosta czytelna pozbawiona złudzeń
Budowana na pobudkach uczciwości zadań
Tworzona przez poetę co język rozumie
Wiele prawdy i hartu do życia dokładaj.

Zjawiska chorobliwe tak dzisiaj cenione
Prawdziwie mądre książki czytać zabronione
Pomagające zrozumieć sprawy nieprzyjazne
Na dzieł niemoralnych psychiatryczną stronę.

Niech nadzieja nieprzerwanie wnika
W przyjazne strofy moich prostych wierszy
Pobudzana przyjaźnią nad wyraz ofiarną

Nie pozwoli przyszłości zamienić na marną.

Poznać siebie

Do końca poznać siebie samego
Skomplikowane i niebywałe
Wszystko wydaje się takie wielkie
A z drugiej strony mikro i małe.

Lont tlącego się w nas życia
Graniczy z wystrzałem
Upłynęły godziny
Których nie słyszałem.

A pomyśleć że Ziemia nie może się spóźnić
Nie w każdym przypadku się dobro od złego odmienia
Opatrzność Boska jest wszędzie
Kiedy nas tam nawet nie ma.

Nie jestem

Mimo że jestem w podeszłym wieku
Nie jestem stary jak czupiradło
Nie przyznaję się do winy
Że tyle godzin z życia mojego wypadło.

A co tam do ciężkiego pieruna
Jeszcze zagram na mocnych strunach
Melodie skoczne i zarąbiste
Aż się rozświetli niebo gwiaździste.

To nie byłem Ja

Przebudzony rankiem patrzę i gdybam

Sobą nie jestem dzisiaj chyba
Drzwi do sypialni szeroko otwarte
Na podłodze rekin pływa.

Za oknami zawierucha
Kołdra napęczniała mokra
Sufit też podziurawiony
Ktoś ze ściany wyrwał okna.

Proszę się   nie wstawaj chłopie!
                    Nim krzykniesz rekin cię połknie!
Próbuję stanąć na nogi
Nie ma gruntu i podłogi.

Ucieszy się nawet i łza
Jak się marne szanse ma
Zrozumiałem że to gra
Przecież to nie byłem Ja.

Bądźmy odważni

Bądźmy odważni gdy rozum zawodzi
Gdy się wydaje że koniec nastąpił
Ktoś kto udziela się swoją dobrocią
W pyle wulkanicznym w ideę nie zwątpi.

W gniewie bezsilności niczym morskie fale
Nie zważając na ciemiężców
Głosy głodnych bitych poniżanych
Osiągną właściwą drogę na zwycięstwo.

Tych co próbują wygrać tę wojnę niechcianą
Szpicle kaci degeneraci i tchórze
Po naszych pogrzebach upojeni zwycięstwem

Odpłyną porwani przez czasowe burze.

Pani Tereska

Pani Tereska przywiozła pieska
W zimową porę z Princeton wieczorem
Kreszer radośnie macha ogonkiem
Już po raz trzeci wita się z domkiem.

Kreszer to piesek inteligentny
Uszkami strzyże łapki podaje
Cieszy się bardzo i głośno szczeka
Gdy jego pani z łóżeczka wstaje.

Kreszer się łasi figluje skacze
Na smakołyki jest bardzo łasy
A po spacerze to co po pierwsze
Pysek mu czyta najnowsze wiersze.

Warto pomyśleć

Demon powraca w roli propagandy
Sieje panikę i wdziera się w mózgi
Wariuje w czasie bolesnej udręki
Używa lęku niewidzialnej rózgi.

Demon z reguły jest nieobliczalny
Walczy podstępnie na sposób hulaszczy
Tworzy utopie i zmienia zasady
Podżega do wojny i ze złem się płaszczy.

Warto byłoby się zastanowić nad tym
Co da pożytek i może się przydać
Nie klękać przed czymś takim urojonym

Co jest ukartowane z góry a tego nie widać.

Zdarzenia

Wypadki kończą się niestety
Przyszłościową marną wizją
Do zderzenia właśnie doszło
Obu stronom bokiem wyszło.

Jak zadziałać żeby móc
Po co głową szyby tłuc
Po co zderzać z jakimś dipem
Toż to wygląda na lipę.

Jak się ustrzec przed kolizją
Po co łamać ręce nogi
Po prostu zatrzymać pojazd
Wysiąść z niego w połowie drogi.

Kto nie myśli

Ktoś kto nie myśli to teraz ma
Chciał się utopić w rzece bez dna
A na dodatek w rzece bez wody
Szkoda człowieka był taki młody.

Przed faktem skoku grał na grzebieniu
Bo na gitarę nie było go stać
Oskarżyć wodę po utopieniu
A może jednak tak myśleć przestać.

Zawierucha

Polityczna zawierucha

Prezesa ugryzła mucha
W napadzie pisanej agresji
W samo podgardle i na procesji.

Prezes aż się z bólu zwinął
Oburącz osłonił kota
Łatwo się można domyślać
Czyja to była robota.

Warto by to już przewidzieć
Ktoś tu pewnie pójdzie siedzieć
A sprawa nieprzedawniona
Mucha była nieszczepiona.

Koguci dramat

Zdarzenie wstrząsnęło światem
Skończone kogucim dramatem
W niedzielę 1- Maja
A jeszcze chodziło o jaja.

Kogut doznał ogrom szoku
Wpadł do kury na pokoje
I zobaczył na patelni
Smażone jaja nie swoje!

Kogut w strasznej jest rozterce
Poniżył i grzebień i serce
Sam sobie winien jak piwo chłeptał
Kumpel mu jego kurkę wydeptał.

Pokolenia

Pokoleń naszych nieprzerwane strugi

Płyną w nieskończoności jak czasowe smugi
Obdarowane mądrością nagrodą i winą
Uchodzą do nicości i w szarości giną.

Zgodnie z przekazem niewidzialnym Boskim
Zdane na niepowodzenia niedole i troski
W dali nieokreślonej grze świateł i cieni
Czy los przybyłych pokoleń do celu kiedyś się odmieni?

Noc

Za oknem noc czarniejsza niż zwykle
Ludzie skryli się pod dachy
Wiatr szaleje śnieżek sypie
Wielkie oczy robią strachy.

Cisza przemawia do wyobraźni
Myśli żegnają kolejny dzień
Płochliwie drgają źrenice oczu
Nieprzypadkowo zapukał sen.

Piekło

Nikt nie wie kto wymyślił piekło
Modne po dzisiejsze czasy
Dziwne męki i tortury
Żarzącego ognia z góry.

Doprawdy trudno się zgodzić
Z tą teorią taką dziwną
Że taki diabeł w piekle
Jest postacią pozytywną.

Ale są i negatywy

Co też przemyślenia budzi
Kusi bo musi i z racji pensji
Stąd ma do ludzi tyle pretensji.

Zanik pamięci

Zaniki pamięci są ujmą
A nie wszyscy to rozumieją
Zapominać jest niezdrowo
Można stracić to i owo.

Jak nauczyć się przypomnieć
To wprzódy nie trzeba zapomnieć
A przy tym mózg na wyginać
Jak ćwiczyć żeby nie zapominać.

Jak się praktyka do teorii ma
Od własnych myśli zapłacić cła
Ale ktoś ma pomysł za nic
Gdy myśli nie przekroczą granic.

Dziwny pomysł

Czy można to nazwać pomysłem?
I nie narobić dużych kłopotów
Wycofać koła od podwozia
Niezbędne do samolotu.

Oszczędności nawet owszem
Znalazły się na pierwszym planie
Gorzej sobie wyobrazić
Takie tanie lądowanie.

Nikt nie każe

Bez sensu o co się spierać
Nikt nam nie każe umierać
Ani płakać czy śmiać się na głos
I narzekać na swój los.

Pewien pan lat sto dwadzieścia
Stworzył teoryjkę nową
Że żyć długo jest niezdrowo
I przy swoim się upiera
Kto nie żyje nie umiera.

Wskazówki do życia   bez powrotu
Ktoś lubił rozwiązywać problemy
Zagadki łamigłówki krzyżówki
Nie jadł nie spał tak się dręczył
I bardzo się przy tym męczył.

Długo czasem poniewierał
Wpadł na pomysł kupił zegar
Jest pewien wielkiego odkrycia
Na zegarze szuka wskazówek do życia.

Związani z czasem na stałe
Przechodzimy przez progi zdarzeń
W dążeniach do sławy i rozgłosu
Zdani na własne łaski losu.

Gdy nastąpi kiedyś mus konieczności
Rozstaniemy się z chwilami radości
Marzeniami szczęścia życia splotów
Wielka szkoda że bez powrotu.

Niepokoje

Pan Bóg stworzył wielki świat ·
Na genialny pomysł wpadł
Słońce Ziemię i planety
Ustalony został ład.

Pan Bóg chwileczkę odczekał
I stworzył na Ziemi człowieka
I wtedy to właśnie się stało
Powstaje na Ziemi chaos.

Wielkie wojny od wiek wieków
Brat dla brata teraz katem
Nuklearne niepokoje
Zagłada staje się faktem.

Starać się

To nie jest tak do końca
Że się chce co łaska
Nie można tracić głowy
Życie nas po niej głaska.

Starać się korzystać z życia
Z tego co jest się cieszyć
Odciąć gałąź w momencie
Gdy chcą cię na niej powiesić.

Odmienność

Żyjemy w czasach o dziwnych ruchach
Opartych na niewiadomych podsłuchach
Na zdrowy rozsądek jest odmienność

Inaczej niż sądzono
Nic dziwnego że ktoś nie pachnie
Chce by mu kadzono.

Własne myśli

Poeta lubi pisarskie gierki
On kocha wtapiać ślipki w literki
Własnych myśli przed nim mapa
Nie przejmuje się na zapas.

Jak upada to na miękko
Nie myli powieści z piosenką
Lubi rozrywkę i mokrą wodę
Kocha ludzi i przyrodę.

Pisze mądrze nie na chama
I broń Boże żeby kłamać
Nie poleca pisania na dachu
O nędzy gdybaniu i strachu.

Pisać to nigdy nie powątpiewać
Literki w rządki zgodnie układać
Starać się używać rymu
I nie stwarzać przy tym dymu.

Nasze przyszłości

Naszej cywilizacji zarysy tęczowe
Przejrzyste krajobrazy purpury niebiosy
Potworne wydarzenia i miotane losy
Zgiełk uśmiechy bezduszne i oddechy ciepłe
Miłosne uniesienia i dążenia wściekłe.

Naszej cywilizacji systemy czasowe
Gnuśne bezwzględne i bezwymiarowe
Potworne rzezie i dzielenie łupów
Piece krematoryjne swąd palonych trupów.

Brak granicy między światłem i otchłanią
Cywilizacją nieokiełznaną na Ziemię podaną
Na naszych oczach widoczną zmęczoną i kruchą
Na wołania i prośby wydaje się głuchą.

Cywilizacja naszych przodków
                         Czy dobrze wypadła?
Czy nasza teraz aby wydaje się przykładna?
A jak będzie naprawdę nigdy się nie dowiemy
Nie będzie nam to dane chociaż przeminiemy.

Droga Córeczko

Dużo się dzieje w naszej krainie
Nad szarym ludem zawisł bat
Za prawdę można gnić w więzieniu
Nawet przez wiele wiele lat.

Za oknem dym z kominów siwy
Zza krat dobiega uliczny pisk
W obskurnej celi na blacie szarym
Do Ciebie Córeczko piszę ten list.

Jestem spokojny Droga Córeczko
Nie skamlę i nie płaczę w głos
Ja biorę udział w słusznej sprawie
Rzucam swój życia los na stos.

Córeczko postaraj się zrozumieć

Bądź zdrowa wolna i szczęśliwa
Sił do zwycięstwa musi mi wystarczyć
Wierzę że zło zawsze przegrywa.

Szwindel

Trwają rozgrywki rozpusty
Nadmiernie uprzywilejowanych graczy
W redlinach zamiast kapusty
Zakwitły głowice armatnich kartaczy.

Czymś tu pachnie coś jest grane
Wadzi się początek z końcem
Ale gdzie ucieknie gospodarz
Gdy ten szwindel wywęszą zające.

Wyjść z siebie

Dzisiaj przypadkiem z Siebie wyszedłem
Można pomyśleć że to jest gra
Przyglądałem się sam Sobie
Czy ten przede mną to jestem Ja?

Halo   wołam znaki daję
Pysek co Mnie nie poznajesz
Zbliż się   przywitaj się ze Sobą
Nie poznajesz jestem Tobą.

Zawiodłem się Sam na Sobie
Nie odezwał się ani słowem
Aż mi odebrało mowę
Dziwne myśli prą przez głowę.

Milczenie odczuwam boleśnie

Nie pojąłem owej chwili
Przypadkiem czas się pomylił
Minęło z pewnością trzydzieści lat
Wtedy bujne włosy miałem
Teraz łysy   zrozumiałem.

Na cudzej służbie

Ojczyzno moja rozdzielana złudnie
Na cudzej służbie walczysz o przetrwanie
Zdana na łaskę nieroztropnych graczy
Obleczona w trwogę smutku i rozpaczy.

Ojczyzno droga słowiańska potęgo
Zrzuć tę zasłonę palącą nadaną
Przez wrogie siły drapieżne bezwstydne
Musisz być nieśmiertelną i niepokonaną.

Na dni dzisiejsze my obecni żywi
Nie dajmy się zmanipulować stekami zgnilizny
I we własnym kraju o kromkę chleba żebrać
W zgodzie z pomocą Boską uda nam się przetrwać.

Uparciuchy

Zając się uparł chce być latawcem
Jeż nie odpuszcza musi być krawcem
Ryba się boi wody święconej
Grzesznym do piekieł wejść zabronione.

Wszystko wydaje się takie proste
Koniec z początkiem nie mają blisko
Ktoś na Księżycu wracając z baru
Bez dżipiesu wdepnął w mrowisko.

Nie dość że połowę wypłaty przepił
W buziaku sucho w mózgu omdlenie
To jeszcze sierżant mandat mu wlepił
I wybił z głowy powrót na Ziemię.

Sen istnienia

Sens fakt istnienia w magicznym czasie
Dążność do czegoś plany nadzieje
Jest tym o co się pokolenia droczą
Odkrywa prawdy sen spędza z oczu.

Epok przebrzmiałych śladów historii
Ujętych w księgach mądrych teorii
To co wydaje się nam normalne
Jest utajone nieobliczalne.

Programy

W ramach wyższej konieczności
Stwarzane są programy wolności
Prawdomówności kultury i przyjaźni
Poczynania dość poważne.

Ktoś zaczął programy wdrażać
Ale nie pomyślał o jednym
Że plusy korzystne z programów
Nie przysługują biednym.

Należałoby się temu lepiej przyjrzeć
Dla biednych to fortel gumowy
Bo można na zdjęciu wyglądać
W kapeluszu lecz bez głowy.

Kat

Władca z dalekiego świata
Bardzo surowy na czasy owe
Zatrudniał na etacie kata
Ktoś zawinił tracił głowę.

Kat był niezły w tej robocie
Wypił ćwiartkę przy sobocie
Przypadkiem otwierał red bulla
Machnął mieczem trafił króla.

Zemdlała królewska małżonka
Nie udało się przyszyć członka
A dla kata nieciekawe
Być tak ważnym i spieprzyć sprawę.

Obiektywnie

W małych wymiarach mojego istnienia
Cóż tak naprawdę mam do powiedzenia
Ciągle się staram i czegoś się boję
Gonię za czymś i miewam postoje.

Z upływem w czasie coraz mniejsze szanse
Różnice poglądowe dziwne mezalianse
Płuca mniej odporniejsze na powietrze zimne
A patrzenie na pewne sprawy bardziej obiektywne.

Ocena

Gdzie moje miejsce w tym zamętu czasie
W domu w piwnicy czy na tarasie

Na łączce kwietnej końcu leśnej dróżki
Podczas wizyty u dobrej wróżki.

Piękno dnia niebieskiego Nieba
Wszystko o co prosiłem co mi jest potrzebne
Swoje najskrytsze marzenia chybcikiem odgadłem
Czy mam prawo ocenić czy dobrze wypadłem?

Głowa do góry

Piszę co szepcze do mojego ucha
Że deszczyk pada jest zawierucha
I się nie zgadzam na pewne rzeczy
Że kogut ćwierka a kurka beczy.

Rozumiem tłustych głuchych garbatych
Cierpiących z głodu z braku wypłaty
Jak mrówka dźwiga ciężar na barkach
Ktoś się zachwycił aż się usmarkał.

Latem na plaży się zakopałem
Długo ze słonkiem romansowałem
Teraz rozumiem drżenie własnej skóry
Nic się nie stało głowa do góry.

Mój głos

Mój głos jest teraz mało słyszalny
W głuchym lesie zakopany
Ale kiedyś wyfrunie z tłumu cieni
Z podziemnych nurtów strumieni.

Błądzę może zawiniłem
Rozmyślam głęboko i patrzę

Będę wierny mojej poezji
Wiersze zostaną ze mną na zawsze.

Nie wiem

Tak naprawdę nie wiem co mnie czeka
Pochwała za godne życie człowieka
Co się starał w dobroci nie grzeszyć
W swoim własnym smutku pocieszyć.

Pożegnać się kiedyś przyjdzie ze światem
Lamentem co wieczność wywoła
Uniosę sam siebie jak palmę
Krople potu ocierając z czoła.

Pustka

Nas nie będzie i Ich i Was
Radości zazdrości nędzy
Zostaną się banki bez kłopotów
Na ulicach strzępy podartych banknotów.

Zostaną zagajniki osmalone
Na pastwisku kózki i barany wystraszone
W strzępach odrzutowce porzucone
Świece na grobach niezapalone.

To się stało zapanowała zgoda
Nieżywy umarłemu podał dłonie
Ale cud żaden nie nastąpił
Zgoda wzruszyła się i odeszła
Nic tu po niej.

Obserwacje

Mnie scena teatru ziemskiego przeraża
Obserwując bruzdy tak liczne na twarzach
Bezładnym ruchem ogarniętych samotnym
Uśmiechem beznadziejnym przewrotnym.

Troska o racje w duchowych nadziejach
W czasie przetrwania w człowieczym losie
Znaczona śladem przeżytych zdarzeń
Rozpala fazy przeszłości marzeń.

 Nie każdy to zrozumie nie każdy się wzruszy
Tragiczne sceny bunty w gorejącej duszy
Słuchając tego pytam i patrzę
Kiedy scena się kończy i nieprawość zatrze.

Codzienność

Duszka ze mną jest wszędzie
W każdym moim oddechu
We łzach śmiechu na wspólnej modlitwie
I w codziennej za chlebem gonitwie.

Słyszę serca wołanie
Ona ze mną zostanie
Póki to się nie stanie
Nim nadejdą otchłanie.

Oni

Oni wzięli się pod pachę
Wydaje się że tym się męczą
Wydają beztrosko fortuny nieswoje

I stwarzają niepokoje.

Z każdą chwilą wyżej i wyżej
Nagość sumień wiele pytań
Należałoby temu zapobiec
Przyjrzeć się tym na klęcznikach.

Zamiast

Co najbardziej się opłaci
Płakać śmiać się rzucać młotem
Myśleć do nieprzytomności
Beztrosko leżeć pod płotem.

Zamiast chować się pod koc
Wybrać na spacer w czarniutką noc
Wygrać szóstkę zamiast piątki
Wielbić końce czy początki.

A zamiast rózgi używać kija
W nieswoje sprawy nie wtykać ryja
W wielu przypadkach miłość zabija
Własna prywatnie nigdy niczyja.

Pan zając

Wydało się że pewien zając
Niemłody ale i nie stary
Trenował skoki na autostradzie
Nie zważając na radary.

Mandatów się sporo zebrało
Wykroczeń za dnia i w nocy
Policjant zdzielił po sierści pałą

Chlustał gazem między oczy.

Pan zając wpadł na pomysła
I odkrył prawdziwe oblicze
Skorzystał na życiorysie
Ot chrupie marchewkę w popisie.

Testy

Zdarzyło się to naprawdę
Ale nie ma co tego żałować
Ktoś jeszcze się nie urodził
A już chcą go przetestować.

Żyjemy w takim okresie
Niepewni własnego istnienia
Boimy się nie tylko samego siebie
A nawet niewidzialnego cienia.

Zanim

Nietypowe sytuacje - ktoś chce świat ulepszać
Wprowadzić to nowe na niby normalność rozpieprzać
Czerwone płomienie ognia zmieniać na zielone
A deszcz zmusić do padania lecz w odwrotną stronę.

Ktoś kto to próbuje dla siebie bogactwa przytulić
Powinien się opamiętać bo może zabulić
Bez względu wiekowych tąpnięcia w przyrodzie
Zanim stworzycie pustynię pomyślcie o wodzie.

Sam siebie

Ktoś wymyślił sam siebie

Nie prosząc o przysługę
O jednym tylko zapomniał
Wymyślił się z długiem.

Trochę to nawet dziwne
Dla siebie jak mógł
Teraz koń go pogania
A on ciągnie pług.

Myślenie

Myślenie potaniało nie musieć się skupić
Co się dwoić i troić kiedy można kupić
Natychmiast na allegro i bez żadnej łaski
Uwaga na niektóre już pocięte w paski!

Nie zawsze kupiony pomysł może ujść na sucho
Na nic się zdadzą słuchawki jak brakuje słuchu
Kto chce być zawsze młody i bardzo w to wątpię
Mimo że się pięć razy dziennie w suchej wodzie kąpie.

Ojczyzna

Nocne myślenia Ojczyzny obleczonej w długi
Wystawnych oberży ogromnych pałaców
Chmary pachołków ubranych w łachmany
Zgłodniałych szczurów w błocie upaćkanych.

Ojczyzno jesteś piękna dla wszystkich jednaka
Myśleniem pracą nauką w kulturze
Skąd ten błąd że z popisu znaleźli się na górze?
Co przeczy normalności godności i naturze.

Ojczyzno Matko sprawiedliwości dziejowej

Nad umęczonym narodem nisko pochyl głowę
Nie pozwól by krew bratnia została rozlana
A twoja niezłomna dusza w niewolę oddana.

Myśl swobody

Bóg sprawia że w człowieku myśl swobody żyje
Wiara i miłość uczciwość tworzona
Nikt nie zdoła zawłaszczyć prawa do wolności
Mimo że tak ogromnych już zniszczeń dokonał.

Na nic się zdadzą próby - mieczem kłute serca
Sztucznych bakterii rozlana posucha
Ten hardy umysł nie padnie z własnej ręki
Poprzez zwątpienie w mądrość swojego ducha.

Normalność

Być może niedługo normalność zagości
Wnet to się stanie i otuchy doda
Łokciowe powitania i patrzenie zdalne
Zastąpi uścisk dłoni życzliwie normalnie.

Wiatry ucichną słoneczko rozbłyśnie
Strach podawany sztucznie się zachłyśnie
Przejdą dni klęski propagandy cienia
To zmusza do refleksji trzeźwego myślenia.

Pokolenia

Pokolenia ludzi nabrzmiałych czasowo
W nieskończoności jak strumienie płyną
Nie znając pochodzenia i miejsca spoczynku
Z każdą chwilą czasową we mgle się rozpłyną.

Rzesze ludzkie w pręgierzu mrocznej zawieruchy
Krwawymi konfliktami zaznaczają szlaki
Mozolnie wędrujący niczym stada cieni
Grą przelotną światłami zwycięstwa wabieni.

Zmagania

Życie zdobywana twierdza
Jestem sobą to potwierdzam
Raz na plusie raz na minusie
Logiczne robić to muszę.

Zmaganie z codziennością obarcza
Bywa często że sił brakuje
Ale wiara czyni cuda
Na nowo spokój buduje.

Lusterko

Trudno uwierzyć ale się zdarza
A często nawet przeraża
Ktoś nabył w sklepie lusterko
Które okropnie postarza.

Zakup pomyłka nie sądzę
Osobnika nie pociesza
Wczoraj jeszcze taki sobie
Dzisiaj starszy od Mojżesza.

W końcu sprawa się wyjaśnia
Drugiego po Świętym Dymitrze
Ktoś kto patrzył w lustereczko
Był jak zwykle po drugim pół litrze.

Siły przyciągania Ziemi

Ziemia śmiga po orbicie
Bez przystanku małej przerwy
W blasku słońca na błękicie
I nigdy nie wpada w nerwy.

Historia Ziemi jest długa
Dla umysłu nie do zbadania
O tym że Ziemia kocha ludzi
Świadczą siły przyciągania.

Mikołaje

Czułości dzielą się na dwie równe połowy
Im więcej się kocha tym mniej się wydaje
Czy ktoś kiedyś pomyślał - ile na święta
Tracą na nas Mikołaje?

Zjawisko z reguły typowe
A święta wesołe dostatnie
W zależności jak Mikołaj się trafił
Czy rządowo czy prywatnie.

Prywatnie Mikołaj podrzucił paczuszkę
W środku cukiereczki misiaka pieluszkę
A co zaoferował Mikołaj rządowy
Jak zwykle co roku żeton kredytowy.

Dziwne czasy

Czasy są dziwne sami przyznacie
Ot taki przykład przy bankomacie

Czy to wygląda na łamigłówkę
Z konta swojego wypłacić stówkę.

A to trafiło na emeryta
Chory niewiele mu już zostało
Pragnął wypłacić $ 200 zielonych
To mu z portfela $ 500 wyssało.

Tak postąpiono z Dziadkiem i Tatą
Wciągnęło portfel do bankomatu
A prawą rękę po same łokcie
Rękę udało się uratować
Ale niestety stracił paznokcie!

Dawno temu

Ktoś twierdzi że ma dowody
A było to dawno temu
Na Ziemi nie było wody
A ryby nie miały problemu.

Udawały że pływały
Na świeżym powietrzu bez dna
I nie bały się niczego
Bo wtedy nie było brzegów.

Po

Po ciemnej nocy bezdennej głuchej
Ranek się budzi z porannym brzaskiem
Przeciera oczy uśmiecha cudnie
Wykręca numer   halo południe.

Południe robi przedziwne miny

Spoko mam jeszcze cztery godziny
Słoneczko jaśniej błyśnie nad miastem
Więc mój kochany   pa do dwunastej.

A po dwunastej poszło jak z bata
Zegar się wkurza wskazówka lata
Kurant zadzwonił jakby coś przeczuł
Wybiła ósma i nastał wieczór.

Wymagania

Pierwszy stycznia za oknami
Nowy Roczek 2021 zaczynamy
Najlepiej od gimnastyki
Nie polecam polityki.

To nic że jest mroźno i śnieg
Z korzyścią jest ranny bieg
Nóżki korzystajcie z kłusu
Żwawe skłony bez przymusu.

Zimny prysznic po Sylwestrze
Już nie grozi nam nadwaga
Rośnie w nas siła i odwaga
I to co życie od nas wymaga.

Nowy Rok 2021

Hura hura hura witamy Nowy Rok 2021
Z wiarą w Boga z prawami natury
Kłaniamy się i głowy do góry
W poszanowaniu dobroci i męstwa
Rok 2021 przyniesie nam dużo szczęścia
Zdrowia pomyślności i nadziei

Bez kłopotów i zawiei.

Witamy Ciebie Nowy Roczku
Uściśnijmy sobie ręce
Wierzymy że wspólnymi siłami
Bardzo wiele dokonamy.

Święto Sylwestra 2021

Dziś jest wieczór wyjątkowy
Jak co roku super extra
Ostatni dzień 2020 roku
Taneczne Święto Sylwestra.

Gra kapela huczą rytmy
Wygibusy hopsa sasa
Aż podłoga wygina się
Dymek wije się na obcasach.

A dziewczyny wniebowzięte
I buziaczki uśmiechnięte
Polewamy w kieliszeczki szampana
Bawimy się do samego rana.

Jutro nadejdzie

Jutro Nowy Rok nadejdzie
Bardzo miło jest usłyszeć
I przez wiele długich dzionków
Będzie naszym towarzyszem.

W pracy w tańcu nauce w szkole
Przy wspólnym rodzinnym stole
Wierzymy że będzie fajnie

Miło beztrosko zwyczajnie.

Przemyślenia

Obłok pary myśli rzewnych
Pełnych cudów objawienia
W czasach gniewnych i niepewnych
Rzeczywistych przemyśleniach.

Ganiąc ród imieniem świetny
Prawa ludu pieśni twarzy
Tchnienia i marzenia lotne
Bez przyszłości i bezpowrotnie.

Myśli nowej duchem młodej
Znieść niewolę cnotą naszą
Nie upadać na kolana przed widmem zarazy
Chociaż sztyletami straszą.

Po sześćdziesiątce

Po sześćdziesiątce jesteś osobą
Tak dziwne rzeczy dzieją się z tobą
Możesz zakochać się pokozaczyć
Ale w tym wieku trzeba wybaczyć.

Za swoje zdrowie nie pić za często
Toasty wznosić tylko za męstwo
A bicepsami się nie wychwalać
I może rzadziej mleko przypalać.

Porażka

Osiołek łezki wylewa rzewnie

Ogonkiem kręci i pociąga nosem
Pomimo takich ogromnych zasług
Doznał porażki i nie jest bossem.

To się zdarzyło że Boże broń
Jego zwierzchnikiem jest teraz koń
Pomimo czarnych kart w życiorysie
Nadziei żadnej biada popisie!

Marzenia o Raju

Czy warto smucić się historią
Własną przeżytą zagubioną
Myślami drążyć nieustanną
Być może karą przedawnioną.

A z racji czego mam żałować
Marzeń o Raju utraconym
Że żyłem dawno w pięknym kraju
Nad rzeką kwiatem umajonym.

Słucham

Za oknem plamy deszczowej sieci
Wiatr głośnym świstem wyraża złość
Czujnie czatuję rankiem wyglądam
Słucham szelestów zimowy gość.

Nadzieje rodzą się w moich myślach
I coś nowego pojawia w mroku
Już tylko dzielą nas krótkie chwile
Do 2021 Nowego Roku.

Wiązka czegoś

Hitem się stała czasowa ściema
Coś jest tworzone a tego nie ma
To wiązka czegoś wszech się rozlega
Na dziwny sposób komuś podlega.

To niewidoczne dzieje się w faktach
Lęk się podwaja w kolejnych aktach
A propaganda niezmiennie trąbi
Za lada moment zjawią się Zombi.

Nadzieje

Nieważne z której strony się patrzy
Za trzy dni będziemy starsi
W Sylwestra Stary Rok 2020 pożegnamy
A rankiem Nowy Rok 2021 przywitamy.

Na dworze chłodno wiaterek wieje
A z Nowym Rokiem mamy nadzieję
Będziemy zdrowsi mili uprzejmi
O czym marzymy to nam się spełni.

Czas się zatrzymał

Wielcy uczeni chcąc się popisać
Postanowili nasz czas zatrzymać
Ale badania brzydko wypadły
Ludziom na świecie szczęki opadły.

A wynalazek ten stworzył kryzys
Nastały klęski i wielki wyzysk!
I coś co przeczy roli istnienia

Człowiek się boi własnego cienia.

Do usłyszenia

Czas to normalność życiowy przydział
Nieobliczalny nikt go nie widział
Czas jak niezbędny w życiu czarodziej
A każdy styka się z nim na co dzień.

Czas zapisanych kart elementarz
Wezbrane fale nieznanej głębi
Sunie do przodu jak błyskawica
Dodaje siły uczy zachwyca.

Czas żyje we mnie   tak teraz jestem
Końcówka grudnia rok 2020
Ostatnia kartka Starego Roku
Do usłyszenia w 2021 Nowym Roku.

Boże Narodzenie

Dzień się chyli ku końcowi
Radosny z każdym westchnieniem
Coroczny dwudziesty piąty grudzień
Jest tym wielkim wydarzeniem.

W tym dniu grudniowym cichym
W Betlejem w stajence skromnej
Urodził się Jezus Syn Maryi i Józefa
Ku wierze w Boga dla chrześcijan niezłomnej.

Wiara w Boga od chrześcijan wymaga
Aby sobie nawzajem pomagać
Uścisk rąk wigilijny opłatek

Budować wiarę miłość szacunek dostatek.

To się dzieje

Klamka zapadła wieści podają
Święta na zawsze z nami zostają
Boże Narodzenie i Nowy Rok
I nie odejdą ani na krok.

Święty Mikołaj lubi rodzinki
I nie opuści swojej choinki
A że uczciwy i z własnej chęci
Podrzuci z worka jakiś prezencik.

Zostanie z nami muzyka skoczna
Na dni świąteczne Boska widoczna
Dzielenie opłatkiem kolęd śpiewanie
To co się dzieje z nami zostanie.

Trzeba chcieć

Marzenia spełniają się zawsze
Tylko trzeba bardzo chcieć
Ale pod jednym warunkiem
Musieć jeszcze szczęście mieć.

Choineczka światełkami iskrzy
Nagłe pukanie do drzwi
Dobry wieczór ktoś zawołał
Pojawił się Święty Mikołaj.

Goście zamarli w bezruchu
A niektórych aż zatkało
Mikołaj wyciągnął z worka

Sto milionów do podziału.

A niektórzy aż się gorszą
Co tu zrobić z taką forsą
A finał z tego zdarzenia
Przydadzą się na marzenia.

Przed naszą erą

Przed naszą erą jak wieść podaje
Super sprawdzali się Mikołaje
A Święta trwały aż dwa tygodnie
Na owe czasy huczne i modne.

Święty Mikołaj za wszystko płacił
Tylko zerami z braku waluty
A jak porównać to z naszą erą
Musi cyferki wstawić przed zero.

A nasze czasy są niesłychane
Sprawy często nietypowe
Mikołaje oferują biednym
Po jednym marzeniu na głowę.

Będziemy starsi

Czy to ważne z której strony się patrzy
Za parę dzionków będziemy starsi
Każdy z osobna i bez wyjątku
I po Sylwestrze startem od piątku.

To nie ostatni raz ani pierwszy
Nowy kalendarz trwalszy i lepszy
Wyraźne cyfry wydrukowane

Rok dwutysięczny dwudziesty pierwszy.

Mamy nadzieję że w Nowym Roku
Będzie nam lepiej się powodziło
Zdróweczko będzie dopisywało
Z pomocą Boską dobrze się działo.

Święta nadchodzą

Święta nadchodzą - to już są chwile
Będziemy wspólnie spędzać Wigilię
Bóg się narodził w stajence lichej
W zimowy wieczór spokojny cichy.

Święty Mikołaj wpadnie na chwilę
Z ogromnym workiem pełnym prezentów
I podzielimy się opłatkiem
W blasku choinki z kolędą świętą.

Nie wypada

Nie wypada się bać tego   czego się nie zna
Konia bać się że kopnie   a go nie posiadać
Po przebudzeniu do wyrka wrócić
Bać o to   że można się nagle przewrócić.

Są tacy co boją się pracy
W dzień pochmurny cienia swojego
Widzą tylko własne racje
Ale nie wiedzą dlaczego.

Omijać banie na wszystkie strony
W środku na dole niżej i wyżej
Przymrużać oczy na dziwne grandy

Może dotyczyć to propagandy.

Coś umyka

Coś umyka spod kontroli
Nachalnie do życia wchodzi
Rzeka jeszcze nie wylała
A już są straty powodzi.

Muzyka odbija się echem
Zamiera nagłaśnia się milknie
Za moment wraca z trzaskiem
I zdziera z oblicza maskę.

Mole wykorzystały moment
Pszczoły uciekają z uli
Wielka strata bo bez miodu
Gorzej skrzydełkami do przodu.

Święta za pasem

Może normalność wkrótce nadejdzie
Czas własną twardą tamę położy
Święta za pasem co z Mikołajem?
Ktoś mu próbuje odkręcić płozy.

Święte przybytki zamyka zgraja
Witać się można łokciem i pachą
Może się w końcu wkurzyć Mikołaj
I co niektórym przywalić lachą.

Pełne ulice strażników prawa
Każdemu szmata zakrywa buzię
Ale nie warto tym się przejmować

Zachować spokój i być na luzie.

Lęk

Lęk w naszych czasach osiąga szczyty
Co w telewizji widać to zresztą
Mota się pręży wydaje zgrzyty
Osiągnął poziom Mount Everestu.

Lęk ma okresy maleje wzrasta
Niszczy istnienia i duchową dumę
Ale po prawdzie pachnie przekrętem
Ktoś robi na tym wielką fortunę.

Jak przeciwdziałać lękowym stanom
By normalność podtrzymywać
Nie wierzyć w tą propagandę świrną
Znaczy nie dać się okiwać.

Problemy

Z pewnością nigdy się nie dowiemy
Dlaczego powstają problemy
Często nawet pojęcia nie mamy
Że sami sobie problemy stwarzamy.

Można tonąć w domysłach i tezach
Przykładowo wymarzona impreza
Polanie whiskey tak ponad szyjkę
Przypadkowo ktoś zawadził ryjkiem.

Pewne krzywdy należałoby wybaczać
Ale nigdy podatku od kaca
A w dodatku osobom nieżyjącym

Przez całe życie alkoholu nie pijącym.

Lanie wody

Czasy niestałe prowizoryczne
Na modzie studia kosmologiczne
Twierdzenie że krew ma kolor niebieski
A drzewo pochodzi od deski.

A w mądrych księgach pisze jak wół
Całość się dzieli tylko na pół
Rower posiada trzy lub dwa koła
A każda krzywda o pomstę woła.

Ten stan związany z ostrą krytyką
Jest powiązany ze złą polityką
Z przedstawicielem starym czy młodym
Wielkie korzyści za lanie wody.

Stłoczeni

Było wesoło i gwarno
Prawie ale nie wszystko za darmo
Wszystko solidne praktyczne
Niemalże automatyczne.

Ktoś dziwny wymyślił zapory
Haniebne mózgowe potwory
Napisał podstępne nuty
W takt lęku bezmyślnej pokuty.

Zguba

Na ulicy duży korek

Zablokowane wszystkie zakręty
Z sani wypadł wielki worek
Mikołaj zgubił prezenty.

Szybciej niż nam się wydaje
Usunięcie trwało korka
Mikołaje się skrzyknęli
Prezenty wróciły do worka.

Choinka

Pewni państwo kupili choinkę
Stroili ją przez dzień cały
Powiesili milion bombek
Świeczek zabawek i trąbek.

Dla choinki to ciężar niemały
Gałązki się powyginały
Zrobiła się niemożliwie szczupła
Słowem jak słomiana kukła.

Nie przeżyła choinka stresu
Wyszła z pokoju bez słowa
Sama w nocy bez dżipiesu
By życie zaczynać od nowa.

Ktoś sam

Ktoś polubił własne brednie
I udziela się niemiło
Biega myśli i współczuje
Czuje jakby go nie było.

Ktoś sam siebie często łaje

Nawet nie wie kiedy i za co
Milczy za siebie żałuje
Rozpacza jak mu zapłacą.

Ktoś taki ma przywidzenia
I warunkowe myślenia
Ten ktoś próbuje dokonać
I własne ciążenie pokonać.

Bieda

Bieda jak zwykle znajomą kryzysu
A walczyć nam teraz z nią przyszło
Ale bieda oszukać się nie da
Sama siebie nie zaprzeda.

A jakby wykorzystać kruczki
Uniknąć biedy problemu
Wysłać taką zbędną biedę
W tym kryzysie zamożnemu.

Jest krach na giełdach chaosy!
Strach - czerwone uszy i nosy
A bieda na swoje nie wyszła
Musiała wrócić skąd przyszła.

W

Każdy umie abecadło
Zna miejsce literki W!
To może być początek nazwiska
Sprzyjającego złu.

W! - Ten kiedyś był liderem

Ale niezłym skurczybykiem
Dla niektórych nawet świętym
Gdy chodzi o politykę.

A się później okazało
Wyszła prawda tam i tu
O tym gościu co nazywa się
Na literę W!

Wczoraj i dzisiaj

Chociaż dobrze Ja się znam
Czy na pewno to wystarczy?
Wczoraj byłem trochę młodszy
Dzisiaj jestem o dzień starszy.

Ale to nie dla mnie szkodą
Bo zawsze czuję się młodo
Nie narzekam i nie myślę o jednym
I nie zamierzam być biednym.

W mojej duszy nadzieja świta
Niedługo Święty Mikołaj zawita
Wigilię spędzimy wspólnie
Rodzinnie wesoło przytulnie.

Emeryci

Emeryci są zabawni
I to na calutkim świecie
Mają czas na wiele ruchów
Udzielają się w podsłuchu.

Za leżenie kasa wpływa

W barku wódka wina piwa
Na kontach dolary i złoto
Z przyzwyczajenia chodzą piechotą.

W garażu stoi nowy Mercedes
Meble na wynos i złoty sedes
Zapomnieli o kredycie
Cała prawda takie życie.

Pies

Pies się upił w swojej budzie
Nic dziwnego kac go trzyma
Buda nie jest ocieplona
A na dworze tęga zima.

A za co upił się psina?
To już nie jest jego wina
Za łańcuch wziął tylko dychę
Nie starczyło na zagrychę.

Wnet pojawił się gospodarz
Zamulony i bez piwa
Ugryzł psina chłopa w majtki
Na szczęście nie w to co się kiwa.

Niewiele wiemy

Wyrwana kartka z kalendarzyka
Czas beztrosko tak umyka
Nie wymaga naszej zgody
Niechybnie dla własnej wygody.

Na temat czasu niewiele wiemy

Czy to jest sensem mądrego zgrywać?
Do kalendarza rościć pretensję
A może kartki w nim powyrywać.

Ktoś kto czasu nie oszczędza
A do tego ma nadzieję
Wcale niech o tym nie myśli
Bo wcześniej się zestarzeje.

Powodzenie

Co niektórym się powodzi
Wiadomo o kogo tutaj chodzi
Wzajemnie się ułaskawiając
Sobie grzechy odpuszczają.

Ręka rękę zawsze myje
Odpuszczają a za czyje
I to za pokaźne sumy
Oj to nie powód do dumy.

Wiedzą gdzie iść za potrzebą
Uchylają sobie Niebo
Ale dotyczy to bytu na Ziemi
A co dalej jak się w oczach ściemni?

Święte Mikołaje w akcji

Głośne dźwięki rozdarły powietrze
Późnym wieczorem przy sobocie
Skojarzenia z powietrznym nalotem
Samochody wjechały z łoskotem.

Przez okienko wyglądam i widzę

Ogromne samochody strażackie
Przystrojone jak kwiatowe gaje
A na saniach Święte Mikołaje.

Święte Mikołaje prawdziwe - to nie czary
Przy głośnej muzyce rozrzucają dolary
Paczuszki cukiereczki rozmaitości
Wesołych Świąt Bożego Narodzenia
Życzymy dziękujemy i zapraszamy w gości.

Zasłona

Z prawa z lewa i od przodu
Cała prawda trwogę budzi
Niepokój narasta ogromny
Spowodowany przez samych ludzi.

Nienawiści i niesnaski
I zadymy różne formy
Łamane są ludzkie prawa
Odejścia od typowej normy.

Zasłona dymna się toczy
Zmydlane zarazą oczy
Niektórzy udają że nie czują
Jeszcze gorzej że ten stan akceptują.

Za kilka lat

Pewne jest że za kilka lat
Bardzo zmieni się świat wokół
Ludzi będzie tylko garstka
A w zamian gromady robotów.

Biznes praca bez wydechu
Wszystko zdalnie pod akordem
Jak pomyłka się przydarzy
Robot przyfasoli w mordę.

Ale to sprawy nie zmienia
Nikt nie stanie w obronie jelenia
Prokurator jest robotem
Ktoś musi zdychać pod płotem.

Własna mądrość

Ktoś powiedział by móc tworzyć
Własne mądrości rozmnożyć
Należałoby bezwzględnie
Talentu w tworzeniu dołożyć.

A kogo stać na talenty teraz
Długo by się o to spierać
Warto by się zastanowić
Nie dać sobą poniewierać.

Przyszłość nasza jak cinema
Czy przewidzieć to się da?
W studni dawno wody nie ma
Ale zostały dwa dna.

Dobrobyt

Od niedawna mamy popyt
Na bezwymiarowy dobrobyt
Dla każdego włącznie z cieniem
Placek napełniony marzeniem.

Na śniadanko pieśń wolności
Stajesz się dumniejszy czuły
Nagle kłopot pękła guma
Porażka i nowa zaduma.

Dobrobyt kojarzy się z mamoną
I zieloną i czerwoną
Złotem srebrem i diamentem
Często związany z przekrętem.

Własne Ja

Doszukując się własnego Ja
Nie dostrzegam studni bez dna
I dnia pełnego jasności
Przeczącego nocnej ciemności.

Być świadomym osobiście
Otwarcie a często po kryjomu
W pełnej świadomości po czasie
Życiowej niezrozumiałej baśni
Z obu stron czy da się.

Zajączek

Zajączek harcując po lasku
Raptem stanął na dwóch łapkach
Ujrzał świerkową choinkę
Żarzącą w świetlistych lampkach.

Rozglądnął się na prawo i lewo
Skąd w lasku płonące drzewo
I łuna ognia w oddali
Pomyślał że to las się pali.

Co robić zajączek nie wiedział
Na szczęście Mikołaj przejeżdżał
Wytłumaczył że to leśniczego sprawka
U zajączka znikła czkawka.

Sypnęło śniegiem

Zima w pełni ciemne nocki
Dzionki regularnie chłodne
Śniegiem zasypane pola
Świerki brzozy j topole.

Ale grunt się nie przejmować
A głowy w śniegu nie chować
Niedługo będziemy świętować
Zgodnie z wigilijnym obrzędem
Zaśpiewamy wspólnie kolędę.

Ukartowane

Krach i kolejna rządowa wpadka
Nowy podatek już się kolebie
A na dodatek troszkę nieswojo
Bo to dotyczy gruszek na wierzbie.

Dziwi się Ojciec Teściowa Matka
Ukartowane   to nie przypadek
Jabłuszko złote dygoce niżej
Adam zapłaci zanim ugryzie.

Porównania

Proszę porównać lato do zimy

Jakie różnice tu zobaczymy
O czym marzymy to nam się ziści
Obydwie pory niosą korzyści.

Latem słonecznie gorące plaże
Można beztrosko dzidzie podrywać
Zimą na mrozie minus dwadzieścia
W ciepłej kufajce bałwana zgrywać.

Plusy zimy

Wygląda na to że się skrzyknęli
Co pokazują pogody mapki
Śnieżek z wiaterkiem tęgo się spręża
A mrozek śmiało doskwiera w łapki.

Co tam jakieś narzekania
Zima też posiada plusy
Tylko patrzeć Mikołaja
Jak w odwiedziny wyruszy.

Do szczęścia

Co może brakować do szczęścia
Zdrowia pomyślności szacunku
Sławy orderów na froncie
Dużych sum pieniędzy na koncie.

Szczęście indywidualne i zbiorowe
Niepoliczalne jednostki mocowe
Płynące strumieniami zwyczajnie
Przebojowo systematyczne genialnie.

Niespodzianka

Za oknami zrobiło się biało
Śnieżek zrobił niespodziankę
Padało przez nockę całą
I wiaterkiem powiewało.

Wypada włożyć cieplutkie butki
Zrobić po śniegu spacer malutki
Śnieżek odgarnąć z dróżki łopatą
To propozycja - a co my na to?

Po kryjomu

Niedawno temu i po kryjomu
Nowy podatek chcą dać od zgonów
Zanim przywitasz się z nowym światem
Musisz za stary zapłacić podatek.

Pomyśleć nad tym można skorzystać
I nie ma czego tutaj dochodzić
Zapłacić komuś te parę groszy
I nie odchodzić.

Decyzja

Ktoś tak się kiedyś na siebie wkurzył
Samemu sobie spania odmówił
Nie zważał na to co ma się dziać
Podjął decyzję nie musi spać.

Na nic się zdały prośby rodziny
Modły pastora i interwencje
Ktoś ten niebawem zasnął na wieki

Trochę za późno rościć pretensję.

Rypło się

Pan kompozytor nie od parady
Dobierał nuty i miał układy
A bardzo dobrze się przy tym miał
Co mu kazali on im to grał.

Nagle się rypło i nic nie słyszę
Zastrajkowały twardo klawisze
Wszystkie jak jeden stanęły dęba
Aż muzykowi struchlała gęba.

Tak dyrygenci tym się przejęli
W dużym pośpiechu nuty zwinęli
A kompozytor w muzycznym bólu
Został zwyczajnie zwinięty w rulon.

Codzienność

Codzienność bardzo mnie cieszy
Po co mam gdzieś tam się śpieszyć
I wynosić na ołtarze
Żałować że nie jestem cesarzem.

Jestem królem z własnym bólem
Moje własne Ja buduję
Choć rumienię się jak placek
Może na krótko a jednak coś znaczę.

Nie do śmiechu

Najprawdziwsza sprawiedliwość

Jednomyślność i uczciwość
Na te czasy nierealna
Tak wygląda rzeczywistość.

Do podziału beczka wina
Wiele braw przeniosło echo
Okazało się że pusta
Nie wszystkim teraz do śmiechu.

Kryzys

Zwabili kryzys to teraz mają
Niektórzy nad tym się użalają
Stąd nowe proszki na głowy bóle
Nic nie posiadam - tego żałuję.

Kryzys w fotelu siedzi rozparty
I bez namysłu tasuje karty
Ze swoich czynów jest bardzo dumny
Nic nie kosztują gwoździe do trumny.

Odległości

To że odległość się może przydać
Jest obecnie na oko widać
W sklepie biurze na ulicy
Każdy centymetry liczy.

Odległości w oszczędności
W prawie szczęściu i wolności
Zastosowane w naturze
Stwarzają problemy duże.

Rozterki

W czym tkwi problem alkoholowy
Który przeważnie dotyczy głowy
W części wątroby żołądka nerek
W mózgu rozniea sporo rozterek.

Z nadużyciem alkoholu różnie bywa
Akcja trwa - film się urywa
Prawa - lewa - w tył - z powrotem
I to chrapanie pod płotem.

Jak alkoholizm uśmiercić można
I z tym problemem przestać się stykać
W tym celu warto kielicha strzelić
Alkohol od wódki łykając oddzielić.

Ktoś

Z panem mrozem to nie żarty
On jest bezwzględny zimny uparty
Da się we znaki z grubsza każdemu
Może przysporzyć wiele problemów.

Mimo że chłodny jest sympatyczny
Skory do działań raczej fizycznych
Przemrozić może ręce i uszy
I żaden lament jego nie wzruszy.

Ktoś tam do mrozu rości pretensje
Wracał do domu i stracił pensję
Bo się przed mrozem schował do knajpy
Gorzej - przytulił do zimnej małpy!

Pogodynka

Pogodynka przebąkuje
Z pewnością coś z tego wyniknie
Jutro wieczorową porą
W Lawrenceville śnieg sypnie.

Śnieg ma sypać ile zechce
Tak jak zwykle na około
Wyłącznie w kolorze białym
I tylko od góry do dołu.

Myśleć

Myśleć przed siebie mądrze i często
Głowa do góry hura zwycięstwo
A pozytywnie to się opłaci
Prawdziwie na tym nie można stracić.

Zawsze to dzisiaj niech już tak będzie
Pozornie proste nieprzewidziane
Ale musimy się na to zgodzić
Na przeznaczenie Boskie nam dane.

Być razem

Czego można się spodziewać
Całą noc gdzieś się podziewać
We śnie własnym się indyczyć
Nierzadko się można przeliczyć.

Był na balu w Montrealu
Na skoczni narciarskiej na Podhalu
Psa własnego z budy wygonił

We śnie fortunę roztrwonił.

Obudzony wstał - zrobił łaskę
W tym celu sięgnął po laskę
Zawadził o zadek babciny
Od Babci zarobił w maskę.

Najlepiej dla wspólnej korzyści
Podpierać się trzeba nakazem
Obojętnie czy na jawie czy we śnie
Małżeństwo powinno być razem.

Powrót i odwrót

Obecnie dochodzi do tego
Da się wskrzesić umarłego
Nawet i bardzo starego
Co wynikać może z tego.

Stary wraca z drugiej strony
Wydaje się odmłodzony
Wesolutki podchmielony
A niemało zaskoczony.

Emerytura jest wygaśnięta
Pusta lodówka a idą święta
Za samochód przyszły raty
Zapłakał i wrócił w zaświaty.

Różnice

Poróżnieni często zębów zgrzytem
Kolorem oczu ciągłą walką z niedosytem
Przypisujemy sami sobie jawnie winy

Poróżniamy zarostem i kolorem śliny.

Różnice widać nawet w wolnej woli
W fabryce biurze i typowej robocie
A najbardziej widoczne gołym okiem
Nie dostrzegamy różnic w głupocie.

Plan

Ambitny plan rozpatrywał pewien pan
Sam przy szampana kielichu
Nagle dostąpił olśnienia
Postanowił się okraść po cichu.

Pomylił się a na honor nie wypada
Jego konto powiększyła kasa sąsiada
Wyszło na jaw na pierwszej spowiedzi
Pan jest wolny - to pastor poszedł siedzieć.

Bez przesady

Taka prawda jaki rozum
Prosty przykład na dentyście
Szczęka w odwrotną stronę
Nie pasuje rzeczywiście.

W kryzysie są modne otręby
A buzie okryte grymasem
Propagandzie się nie dajmy
A z baniem nie przesadzajmy.

Od teraz

Myślenie długie to mozolność

W głowach rodzą się protesty
Nawarstwiają się pierdoły
Mapki sceniczne bazgroły.

Od teraz stało się modne
Nic dziwnego czasy nowe
Kubeł wody na stojąco
Nie pomylić z wodą gorącą.

Show łysych

W telewizji show się zaczął
Jedni się śmieją a liczni płaczą
Co niektórzy klęczą w ciszy
Show ten nie podnieca łysych.

A dlaczego ktoś pomyśli
Może to jednak ukartowane
Oni stracili włosy
Bijąc z pokory łbami o ścianę.

Do normalności

Są kraje bogate i biedne
Ciekawe zaborcze przejrzyste
Zamknięte otwarte stłoczone
Zatrute zakłamane zniewolone.

Czy chciałbyś żyć w takim kraju?
Gdzie wszyscy na jednej schedzie
Rządzący biedaków ścigają
A oni koczują w straszliwej biedzie.

Nie masz wyjścia obywatelu

Gdy bardzo ci grzebią w portfelu
By odejść z problemu owego
Przeprowadź się do kraju normalnego.

Wyobrazić sobie

O pomyłkę nie jest trudno
Łatwo może się przydarzyć
Przypadkiem coś sobie wyobrazić
A po jakim czasie to samo wymarzyć.

Pochwalić się sukcesem nie własnym
Bez względu przy jakich ofiarach
Przykładowo fajkę zagasić
I nigdy jej nie zajarać.

Pomyłka pomyłce nierówna
Nie zawsze się straty wyrówna
Czy sowa spłodzona przez wróbla
Nazywać się musi Wróblówna.

Ziąb

Zima dotrzymuje kroku
Jak zawsze każdego roku
Mamy wielkie wydarzenia
Święta Bożego Narodzenia

Tradycyjnie nikt nie wątpi
To nic że ziąb za oknami
Ustroimy choineczki
Na Wigilii się spotkamy.

Sława

Kto chce być sławny po wszystkie wieki
Wspaniały silny bogaty modny
Musi uważać i być rozsądny
I nie dopuścić żeby być głodnym.

Jesteś szeryfem cesarzem królem
Otwierasz ślipki zjadasz cebulę
Popijasz sokiem z czerwonej marchwi
Wtedy nic złego się nie przytrafi.

Biznesy

Krótkotrwałą to może być pociechą
Utworzono czasowe skupy grzechów
Podzielone na męskie i żeńskie
Prawdziwe zmyślone przestępne.

Wydawało to się może i nie głupie
Pojawiłeś się rankiem na skupie
Zostałeś niegrzecznym fanem
Otrzymałeś fałszywe dane.

Ktoś biznes na sprzedaży ukręcił
Pomnożył pododawał zamęcił
I doniósł tam gdzie potrzeba
Zapadł wyrok
          Zakaz wstępu do Nieba!

Coś się kryje

Coś się kryje w tym przysłowie
Jak Ty komu - tak On tobie

A to działa w obie strony
W sposób prawdziwy nie wymyślony.

Dzisiaj Mikołaj do mnie zawitał
O moje zdrówko głośno zapytał
Aż ze zdziwienia oczy otwarłem
Jest dzięki Bogu   głośno odparłem.

Święty Mikołaj otworzył worek
Wyciągnął ręką prezent niewielki
Patrzę i oczom swym nie dowierzam
Toż to jest korek i od butelki.

Byłem zdziwiony Mikołaj zerka
A moje serce radośniej bije
Korek jest złoty
                            A ja nie piję.

Nie jest prawdą

Nie jest prawdą że osioł nie myśli
Małpa ma coś w sobie ze świni
Ktoś niesłusznie został uwięziony
Skazujący go zostaje bez winy.

Żeby prawdy się samej doszukać
Trzeba do własnego sumienia zapukać
Łomotać ze wstającą zorzą
Aż szeroko własne oczy się otworzą.

Na zamówienie

Jakie może mieć znaczenie
Wcielenie na zamówienie

Powrót zza świata oddali
Na Ziemię bo rozkazali!

Za Nerona się nie nudziłeś
Kamienie na plecach nosiłeś
Piramidy budowałeś
Nierzadko po garbie dostawałeś.

Za komuny w socjalizmie
Wcieleni w pochodach majowych
Przy zarobkach niejednakowych
Po flaszce i problem z głowy.

A w dwudziestym pierwszym wieku
Zrzucić z barek ciężkie brzemię
Przerwać sen i zejść na Ziemię
Zamiast narzekać na nowe wcielenie
Zamieniać w korzyści nowe myślenie.

Wieczorem w Lawrenceville

Jak masz ochotę wpadnij na chwilę
Dzisiaj wieczorkiem do Lawrenceville
Twoje oczęta będą zdziwione
Jak pięknie domy są przystrojone.

Świateł tysiące zdobi choinki
Mikołaj robi ciekawe minki
A do Wigilii dzieli nas krok
Boże Narodzenie i Nowy Rok.

Odeszli do wieczności

Wieczność z rzeczywistością ciągle się ściera

Człowiek nigdy nie umiera
W duchu radości Boskiej miłości
Przechodzi w inne prawa wolności.

Parę lat temu odeszli od nas
Do tej krainy wieczności prawa
Mamusia Jasia i Mamusia Brońcia Babcie
Tatuś Oleś i Tatuś Antoś   Dziadki
Franciszek   najstarszy Braciszek
I inni członkowie naszej Rodziny.

Jesteśmy z Wami Wszyscy myślami
Wciąż podążamy tą samą steczką
Życiową nutką na wprost przed siebie
Kiedyś spotkamy się razem w Niebie.

Wzywani

Wzywani do oddechu w pośpiechu
Do pracy do walki do rozpusty
Do głoszenia hasłowych wytworów
Doprawdy tych wezwań jest sporo.

Wpędzani w niesamowite historie
Tragedie zabobony euforię
Cofamy się do epoki kamienia
Samoistnie pozbawiamy się myślenia.

Uroczyście osobno i zbiorowo
Podziwiamy niebieskość nad głowami
Wezwani do nieznanej przyszłości
Może kiedyś całej prawdy doczekamy.

Ponad miarę

Ktoś chce zasłynąć i ponad miarę
Tak jak to głosi przysłowie stare
Jak będziesz dzielił zysk swój z tyranem
Pod każdym względem masz przerąbane.

Może na Ziemi to jakoś ujdzie
Nie zauważą to tylko ludzie
Ale wieczności to nie oszukasz
Brama zamknięta daremnie pukasz.

Wiewiórki

Ktoś twierdzi że wiewióreczka
To zwierzątko jest szkodnikiem
Ale bardzo pożytecznym
Nie bawi się w politykę.

Pisarz Pysek tylko jeden
Oswoił wiewiórek siedem
Wrzuca im orzeszki rankiem
I podziwia przez firankę.

Dole

Przypadkowe mgliste dole
Nie zdarzają się każdemu
A jak nawet się przytrafią
To mijają bez problemów.

Życie niczym długa powieść
Niekończąca się epopeja
Zapisane sploty zdarzeń

Miłość radość i nadzieja.

Trudno zrozumieć

Ktoś kto zabiera dni codzienne
Lata godziny minuty
Musi mieć do tego prawo
W ramach prawdy czy pokuty.

Trudno zrozumieć jest te działania
Może dla Boskiego chcenia
Uczestniczymy w programie
Osobno od urodzenia.

Szal zimowy

Zima w pełni śnieżek sypie
Widać to na każdym kroku
Za dni kilka Boże Narodzenie
Blisko do Nowego Roku.

Spotkamy się na Wigilii
Zaśpiewamy wspólnie kolędę
Podzielimy się opłatkiem
Rodzinnie miło przyjemnie.

Marzenia

Mądre aż niewyobrażalne
Nasze marzenia są niewidzialne
A do myślenia tak wiele dają
Szkoda że wszystkie się nie spełniają.

Grunt się nie martwić o to czy o to

Najlepiej kasę zamieniać w złoto
Czas to ujawni w myśli obłokach
Szczęście przybiegnie samo w podskokach.

Zmiany w kulturze

Pozmieniało się w kulturze
Przechodzi to ludzkie pojęcie
Powinien wykonać rozkaz
A ten się odwraca na pięcie.

Ktoś uwziął się na siebie w zaparte
Trochę serio trochę żartem
Wysiaduje kacze jaja
I jeszcze koguta udaje.

Prywatyzacja

Z przestworzy coś takiego wyciekło
Sprywatyzowano piekło
A nie ma się czego cieszyć
Niewskazane jest i grzeszyć.

Praca w piekle jest w akordzie
Zagapisz się to po mordzie
W nagrodę zamiast wypłaty
Otrzymuje się g... na tacy.

Przed podróżą

Przejechać osiemset mil to jest dużo
Trwa myślenie przed podróżą
Trzeba hartu i pamięci
Żeby tak licznik nakręcić.

Wreszcie osiągnięty cel
Hopsa hola więc się śmiej
Musowo jest w sen uderzyć
By się jutro z rankiem zmierzyć.

Pokusa

Teoretycznie pokusa
Nikomu nie zaszkodziła
Bywało że trochę dziwna
I nigdy się nie spełniła.

Pokusić się o coś praktycznie
Może każdego to spotkać
Ot przypadkowo niechcący
Trafić szóstkę w totolotka.

Wygrana wezwała pokusy
Czas przeminął bez zegarka
Pokuszonemu zwycięzcy
Do pierwszego nie wystarcza.

Wieść

Jak niesie nie odległa wieść
Jeden taki przestał jeść
Sam się dziwi jak on mógł
Tak go zdenerwował głód.

Ząbki zdrowe bielutkie i czyste
Talerzyki lśniące przejrzyste
A w żołądku nie zamruczy
I wypłata się nie kurczy.

Darmo

Ktoś kiedyś powiedział że w Raju
Szczęśliwy będę i Ja i Ty
Bo tam podobno to rozdają
Wszystko za darmo   znaczy za free.

Trudno jednak w to uwierzyć
Może to tylko tak baju - baju
W Raju muszą być bogaci
Skoro nawet biednym dają.

Czas zadumy

Ziemia zmieniła bieguny
I nastał czas do zadumy
Nie będą padały deszcze
I wiatr przestanie wiać jeszcze.

Dzień się o połowę skróci
Czas na lewo się obróci
Ktoś nie spróbuje wódeczki
Zerknie na flaszkę i się przewróci.

Bez wody

Pewien uczony swoje myśli
Zapisywał błyskawicznie
Teoretycznie były niezłe
Nie sprawdzały się praktycznie.

Uczony był bardzo zajęty
Nie miał czasu zgolić brody

Wyhodował mokre ryby
We własnym basenie bez wody.

Zdarza się

Przypadek - już po zabawie
A to wygląda nieciekawie
Podpadniesz sobie samemu
Zamknęli i nie ma problemu.

A zdarza się często nie wiedzieć
Niewinny do aresztu trafiłeś
Za to że we śnie własnym
Prezydenta na urzędzie obraziłeś.

Błąd

Wyrąbano puszczę nieistniejącą
Błąd zrobiono nie policzono drzew
O mały włos by się tragicznie zakończyło
Gdyby na drodze drwali nie stanął lew.

Jakoś dziwnie się sytuacja ma
Tysiąc drwali na jednego lwa
Ale drwale odważni byli
Wycofali się las z powrotem posadzili.

Urzędnik

Pan urzędnik od Nairobi
Ach ~ ten wielkie rzeczy w biurze robi!
Musi calutki dzień tkwić w fotelu
Tyrać za siebie oraz za wielu.

Sam siebie karci jak inni płaczą
Dostaje premię choć nie wie za co
Przepija winkiem słodkie pierniki
Biedny urzędnik od polityki.

Sytuacja

Sytuacja podwórkowa
Nietypowo chorobowa
Na krasulę to popadło
W cyckach mleko się zsiadło.

Doktor przybył w oka mgnienie
Zajrzał krówce w podniebienie
Przepisał lek na lenistwo
Wziął pieniądze i to wszystko.

Sytuacja tak do końca
Nie została wyjaśniona
Ktoś kiedyś za to odpowie
Krowa była niedojona.

Szarpany taniec

Były już kamienie na szaniec
Trafił się król samozwaniec
Aż tu nagle nadzwyczajne odkrycie
Wymyślono szarpany taniec.

Odgłosy szarpanej muzyki
Powodują że pękają sufity
A brzuszek się o brzuch ociera
Uczucia ku sobie otwiera.

Wielkie moce pragnień i wzruszeń
Szarpiesz mnie i ja ciebie szarpać muszę
Leciutko w takt muzyki warto iść
Opanuj się - czy musisz mnie tak gryźć?

Kto kogo ugryzie pierwszy czy to ważne
Najważniejsze są szarpnięcia przyjazne
Szarpanka uczuciowo - zwycięska
Muzyczno - taneczna damsko - męska.

Zdumienie

Mamy wiek dwudziesty pierwszy
Dziwne czasy trochę dzikie
We wiadomościach podali
Ktoś dziś odkrył Amerykę.

Ale co jest jeszcze w tym najgorsze
Kształt Ziemi zmieniono na płaski
Odkrywca związany z Magellanem
Opija odkrycie szampanem.

A za którymś to już razem
Wymyślną mamy zarazę
Nowe wojny wymyślają
Że aż ręce opadają.

List do siebie

Codziennie pisał do siebie list
Witał siebie i pozdrawiał
Pytał się co u niego słychać
Na spacery ze sobą się umawiał.

A był to jak nie popatrzeć zuch
Decydował zawsze za dwóch
I ze sobą w karty grywał
Ale nigdy nie przegrywał.

Jak spojrzeć na to rzetelnie
Uważa kogoś się za frajera
Ale co jest w tym najokrutniejsze
Kopertą ze znaczkiem podciera.

Bądź sobą

Bądź tym mężczyzną - stań za sobą murem
Własną legendę   twórz tak po prostu
W nagrodę   jesteś ze krwi i kości
Posiadasz   cechy siły i zarostu.

Posiadam siłę i własne Ja
Mogę się własnym cieniem pochwalić
Kupić na przykład nowy samochód
I przypadkowo w drzewo przywalić.

Nie waż się do domu wracać nad ranem
Zrobisz odwrotnie   masz przechlapane
A jeszcze gorzej   jak na trzeci dzień
Stracisz rodzinę   odejdziesz w cień.

Coś nowego

Coś nowego zawarte w reformach
Nie mieści się w głowach i normach
Proponowane nowe opcje
Wzbudzają grozę i emocje.

Ktoś założył że słońce nie zgaśnie
A piorun sam w siebie nie trzaśnie
Od dziś musieć spać na stojąco
A jeże mają służyć zającom.

Odległość musi być zachowana
Zakaz śmiechu uciechy powitania
Złodziej na kradzież od teraz ma przepustkę
Cały kraj wylosował w totolotka szóstkę.

Mój czas

Mój Czas pozostaje we mnie na zawsze
Wraz ze mną się budzi i trudzi
Szanuję mój Czas i buduję
Z moim Czasem się wspaniale czuję.

Żyć to istnieć w takt wydarzeń
Tak jak z Czasem to sobie wymarzę
I aby Czasu jak najmniej ubywało
Nadzieją żyć nam tylko pozostało.

Czas jednak nie lubi się pieścić
Spróbuj się tylko w Czasie nie zmieścić
Czas nie poczeka i zniknie
I każdy do tego przywyknie.

Wyświęcony

Pana po setce wyświęcono
Medale nagrody zaszczyty
Udzielał się przebojowo
Zatwierdzał fałszywe kredyty.

Nie wszyscy się z tym zgadzają
Udzielają się w pretensji
Twarz z obrazu uśmiech gości
W dali zarys złego pętli.

Udzielanie się w pożyczce
To zwyczajnie jest harówa i praca
Najgorzej jest gdy ktoś weźmie kredyt
A inny za niego spłaca.

Czas umyka

Czas wszelkiego istnienia dotyczy
Rzeczywistość bezbłędnie rozliczy
A musimy z nim współpracować
Dodawać dzielić odejmować.

Nie ma czasu   nie ma dzionka
Lasu chałupy i schedy
Broń Boże czas się ulotni
Co wtedy?

Czas umyka bez naszej zgody i wiedzy
Niewidzialnie zaciera się w wyobraźni
Z czasem współpracujemy dorastamy
Stajemy się mądrzejsi weselsi odważni.

Rocznica Ślubu

Ona wyszła za miłego
50 lat temu bez mała
Często nerwy jej puszczały
Ściereczką w miłego ciskała.

Miły niezłym był fachowcem
Mieszał wapno szpadlem kielnią
Kochał swoją połowicę
Miłością potwornie rzetelną.

Życie toczyło się z gładka
Przerwane w sobotę przed piątą
Miły nie podarował żonie kwiatka
Na rocznicę pięćdziesiątą.

I wtedy to Ona Żona
Cała wkurzono - zielona
Zamiast ściereczki użyła patelnię
Rocznica spędzona a czy rzetelnie?

Cud

Średniowiecze - mędrzec z Hiszpanii
Wszedł w konflikt z własnymi myślami
Wytworzyło to błędy czasowe
Skutek straszny - utracił mowę.

Oj - zawiódł się mędrzec na sobie!
Oj - przeszedł niemałą udrękę!
Oświadczając się księżniczce w ogrodzie
W kapeluszu poprosił o rękę.

Pannę na chwilę aż zamurowało
W ślicznych oczach pojawił się dziki błysk
Cud się stał - mędrzec mowę odzyskał
Po tym jak dostał od panny w pysk.

Odwrotnie

Gość na plaży prawie zamarzł
Dziwnie kuli się i bleszczy
Odmroził już prawe ucho
A na dworze plus czterdzieści.

Dziwne to sami nie wiemy
Termometr kupiony z przeceny
Dlatego mierzy odwrotnie
A to wygląda kłopotnie.

W czym jest problem o tym bliżej
Tanie wczasy na Sybirze
Coś zostało przedobrzone
Termometr mierzył Celsjusze
Niestety w odwrotną stronę.

Sum

Sum to zwinna ryba chyba
Pokręcona podobna do gumy
Taki nie usiedzi w miejscu
Uczulony na perfumy.

Sum jest rybą lecz bez kości
Jak już to bardzo rzadko
Nie mówi nie czyta nie fruwa
Za to przemieszcza się gładko.

Sum bardzo często kaprysi
Nie poleci na chudego robaka
Ani na mięso z przeceny
To tyle o sumie wiemy.

Wspomnienia

Siedzi taki na tarasie
Obserwuje kogo da się
Żuje gumę głośno mruczy
W myślach się rozumu uczy.

Wspomnieniami się pociesza
O rok starszy od Mojżesza
Tylko że w odwrotną stronę
Przechodził Morze Czerwone.

W myślach coś się utrwaliło
Przechodził morze a dna nie było
Jeszcze gorzej kropli wody
Niechybnie to z braku przyrody.

Na szaro

Pies pana kiedyś zrobił na szaro
Do zupy wrzucił mu szmatę starą
Hrabiemu śpieszno było do miasta
Przeżuwał ścierkę i głośno mlaskał.

Na efekt psina nie czekał długo
Hrabiemu w brzuchu powstało parcie
Długo się męczył mało nie skonał
Do teraz z lękiem patrzy na żarcie.

Pan psu uwierzył to teraz ma
Kiedy się dowie czy wygna psa?
A jak przebaczy w fazie miłości
Psa czeka zupa - bez wody mięsa i kości.

Atom

Jak pochwalić można za to
Uczony wymyślił atom
I do góry podskakuje
Dobrobyt i sławę buduje.

A co zdziałał wynalazek
Czas niebawem to pokaże
Uczuleni na atomik
Dziś poważny jutro komik.

Od wiek wieków tak bywało
Złych atomów przybywało
Jednak ten wymyślny wyczyn
Może skończyć się na niczym!

Nieczuły

Problem nastał i poważny
Człek urodził się żelazny
Metal w nogach i muskuły
Na wszelkie dotyki nieczuły.

Ktoś ten sprawił się na piątkę
Medalem go odznaczono
Ale powstał przy tym problem
Robot sypia z jego żoną.

Ale co jest w tym najgorsze
Ktoś urodził go za forsę
Nawet mózg ma metalowy
A myślenie też ma z głowy.

Wyszło bokiem

Pan hrabia z dawnej epoki
Trochę niedorajda taka
Zapolował na niedźwiedzia
Pomyłkowo trafił ptaka.

A trafiło to na srokę
Oj wyszło to panu bokiem!
Ptaszyna tak się wściekała
Na śmierć pana zakrakała.

W świecie hasła dominują
Ludzie na siebie polują
W powietrzu w deszczowej pogodzie
Zabijanie teraz w modzie.

Istnieć

Istnieć to być coś znaczyć chcieć
Lecz nie wszystko można mieć
W grę wchodzi duchowe motto
Żyć w znaczeniu wiedzieć po co.

Życie to zdrowo i bezpiecznie
Czy w luksusie? Niekoniecznie
Odrzucić zachcianki złe precz
Jak za dużo o to drżeć.

Bądźmy sobą zawsze wszędzie
W domu w szkole na urzędzie
Zgodnie z Mateczką Naturą
Osobowością i kulturą.

Wczoraj dzisiaj i jutro

Wczoraj było dzisiaj jest
Co będzie jutro nikt nie odgadnie
Wierzę że będzie tak samo jak dzisiaj
A może jeszcze weselej i fajniej.

Poranek nas powita miłym gestem
Przecieram oczy głośno myślę jestem
A na początek sto pompeczek i przysiadów
Po nocy nie zostało ani śladu.

Ćwiczący i nawet na raty
Nie będzie chodził garbaty
Czy choćby na buzi w masce
I nigdy przenigdy przy lasce.

Dezynfekcja

Czystość z brudem się pożarła
Niezłą z tego mamy lekcję
Po czyjej stronie jest racja
Zaproszono dezynfekcję.

Dezynfekcja jest geniuszem
Odporna na trudy wielkie
Wystarczy tylko pomyśleć
Wnet usunie brudy wszelkie.

Kierowników było wielu
Pracujących minimalnie
Z popisu przyszła reklama
Od teraz sprzątanie zdalne

Popis nowemu nie sprostał
I brud został.

Niezbyt mądry

Wyjść na plażę o tej porze
Ludzie krzyczą   jak pan może!
Minus pięćdziesiąt i ciasno
Zamrozisz się śmiercią własną.

A co tam na takiego morsa
Tutaj nie liczy się forsa
To sława tego wymaga
Liczy się tylko odwaga.

Niezbyt mądry choć nie stary
Nie posłuchał się gawiedzi
Umarł goły i wesoły
Szczęście że był po spowiedzi.

O co chodzi?

O co chodzi w tym problemie
Ktoś by sobie wiele życzył
Pewnych rzeczy nie uwzględnił
I wpadkę typową zaliczył.

Okradał banki i zwracał z procentem
Dumny i zadowolony
Długo starał się o rentę
Nie otrzymał jest bardzo zdziwiony.

Wykonał pracę - coś tu nie gra
Coś takiego trzęsie febra

Dodatkowo ma odwrotność
Własna cela i samotność.

Przeczekał czas

Wyjść czy nie wyjść
              Nie wziąć czy wziąść
Prostować się a może kłaniać
Odpoczywać na wakacjach
A może lepiej zachrzaniać.

Pan wilk chcąc przeczekać czas
Zawinął się z kozą w las
Zostawił kozę na łasce
Zestarzał się kuśtyka przy lasce.

Teraz wilczek się dowiedział
Trafił wtedy na niedźwiedzia
Ukrytego w koziej masce
Dlatego stąpa przy lane.

Szukał siebie

Szukał siebie całą noc
Zaglądał pod łóżko i koc
Zając był na odwykówce
I zasnął przypadkiem w lodówce.

W międzyczasie miał sen srogi
Że odmroził przednie nogi
Na dodatek krótki ogon
Oj - wygląda to ubogo.

Lodówka była zamknięta

Woda w środku przeziębiona
Gorzej światło się nie świeci
Zające są czasem jak dzieci.

Na wnuczka

Na wnuczka jak dać się nabrać
To trzeba posiadać kasę
Być samotną zwykłą Babcią
Mieszkać w pałacu pod lasem.

Wnuczek bezczelny młody
Umiejętne robi podchody
I udaje nietoperza
Teraz sobie nie dowierza.

Żeby rodzinności dowieść
Babcia proponuje spowiedź
Coś takiego i nie wiedzieć
Wnuczek długo będzie siedzieć.

Piorun

Do złego niewiele potrzeba
Zdarzenie tak blisko nieba
Ze zdziwienia aż kolebie
Piorun przypieprzył sam w siebie.

A stało się to przypadkowo
Niefortunnie i na domiar
Piorun pomylił zakręty
Bo dźipiesu zapomniał.

Stąd te przerwy w życiorysie

Czarne dziury po popisie
A zdarzenia nie odkręci
Zdarzają się zaniki pamięci.

Malarz

Pan malarz przez zwykły frasunek
Wymyślił na wodzie rysunek
A żeby było ciekawie
Maluje na wodzie w stawie.

A woda uroku dodaje
Udziela się w przejrzystym kolorze
Problem w tym że malarz obrazu
Na ścianie umieścić nie może.

A było to dawno temu
Lecz mniej niż obecnie problemów
Na tamte czasy bardzo typowe
Do dzisiaj ryby są kolorowe.

Prawo

Łamanie prawa w ramach wolności
To już normalność w obecnym czasie
Kto jest sprytniejszy chciwy bogaty
Przekracza prawo na ile da się.

To takie smutne jak to pokonać
Nie dać się komuś robić w balona
Byle jakiemu w rządzie przybłędzie
Jedno jest pewne i lepiej będzie.

Obecne czasy niepewne chwiejne

Stwarzane prawa tak beznadziejne
To co na ziemi dziś się wyprawia
Jest klęską ludzi w ramach bezprawia.

Latka lecą

Oj uciekają nam latka
Niemowlak Panna Matka i Babcia
Maluch Kawaler Ojciec i Dziadek
To szczera prawda nigdy przypadek.

Co dziesięć razy powtarzać
Nie musiałeś się zestarzeć
We własnej się trzymać garści
Stosowałeś błędne maści.

A po sezonie bukiet w wazonie
Często niczego się nie zachciewa
Usiądzie łysy gość z szarą gębą
I liczy listki lecące z dębu.

Nie odwiedzisz

Wieńce teraz nie na modzie
Takie normy w popisie zawarli
Niech o swoje własne groby
Martwią się ci co już umarli.

Nie odwiedzisz grobu dzisiaj
Matki Ojca Brata Siostry
Wszystkie bramy są zamknięte
Popisowski zakaz ostry.

Oj sodomo i gomoro

Tworzysz taką sytuację
Przyjrzeć by się może lepiej
Tym co mają głupią rację.

To nic

To nic że pochmurno i słota
A w tygodniu tylko jedna sobota
Do pracy wyjechali sąsiedzi
A ty w domu samotnie siedzisz.

Siedzisz i zerkasz w okno mimochodem
Do ekranu odwrócony wzrokowo
A po głowie myśli się kołaczą
O takich co nie mają a tracą.

Starsi państwo emerycie i rencisto
Ciesz się dzisiaj listonosz zawita
W słuchawce głos miły usłyszysz
Ktoś o zdrówko wesoło zapyta.

Nie oszukasz

Nie oszukasz przeznaczenia
Choćbyś bardzo tego pragnął
Zdarzenia co mają nastąpić
Kiedyś ciebie z pewnością dopadną.

Czas to spokój rozterki swawole
Potrafi wyprowadzić w pole
A nawet na nieznane głębiny
Nie podając jakiejkolwiek przyczyny.

Los tak często figle płata

Coś się sknoci i ulata
Nie obawia się nawet bata
Nie dotyczy końca świata.

Atak

Nasi byli uzbrojeni
Mieli bronić wyspę Elbę
Okopali się na brzegu
Posiadali jedną strzelbę.

Bez naboi dwóch ich było
Czekali aż się ściemniło
Ale odparli ten atak
Chociaż nikt na Elbę nie napadł.

Trudno zrozumieć

Trudno zrozumieć jak jest
Gdy się w buzi robi sucho
A człowiek sam siebie traktuje
Gorzej niż psa na łańcuchu.

Narzeka na los i grymasi
Po kieliszku często kwasi
Żonaty udaje amanta
Legitymuje policjanta.

Jak naumieć się zrozumieć
Pracy nie ma a daleko
Krowa jeszcze niedojona
A już wykipiało mleko.

Mocą żadną

Wielkie hasła   Do boju! mocą żadną
Wezwania do rewolucji upadną
W miejsce słów pogańskich i szarych
Wprowadźmy miłość szacunek i wiarę.

Fałszywi prorocy i zadymiarze
Ubrane w szkarłaty bestyje
Prawda wkrótce swoje oblicze ukaże
I niecne wasze zamiary odkryje.

Sił nieczystych wysiłki nieprawdziwe
Wydają okrzyki piskliwie
Wylęgające się jak larwy na wysypiskach
Oparte na krzywdach i wyzyskach.

Twierdzenia

Przelewać krew wywoływać pożogi
Ktoś twierdzi że w imię prawdy i Boga
A dlatego to jest nie do przyjęcia
Bo krew przelewana jest tak droga.

Weterani walczący za pieniądze
Nieustraszeni fanatycy bandziory
Nigdy nie dostąpicie zbawienia
Ino ognia i duchowego pogrążenia.

Teoria o bohaterstwie niesprawdzona
Zawiera tak wiele niejawności
Brak tu rzeczy typowo ludzkich
Wiary w Boga szacunku i miłości.

Ktoś normalny

Po rosyjsku zabrzmi   hura!
Po polsku jest inaczej   na stos!
Ktoś normalny z drugiej strony
Nie zgadza się na taki los.

Oj wojenko beznadziei
Ochraniasz typowych debili
Którzy od zarania ludzkości
Spaloną ziemię po sobie zostawili.

Wtargnięcie

Teściową okrzyknięto szpiegiem
A zdarzyło się to w poście
Nie minęło pół godziny
Do chaty wtargnęli goście.

Typowej brechy użyli
Dębowe drzwi wyważyli
Wyrzucili łachy z szafy
Podobno szukali żyrafy.

Wtedy teścia chwycił zator
Na podwórku zapalił się traktor
Znikły kartki z życiorysów
Tak działają chłopcy spisu.

Zalecenie

Aby się na dobre nadać
Zalecam troszeczkę mniej gadać
Do snu twarzą się układać

Podskakiwać a nie spadać.

Wstawać rano z samą rosą
Nie iść gdzie oczy poniosą
Nie uśmiechać się bezczelnie
Jak przeklinać to rzetelnie.

Nigdy nie przeginać z musztardą
Jajek nie jeść ze skorupą
A broń Boże po osiemdziesiątce
Oglądać się nie za własną d...

Ktoś

Ktoś na górze puścił bąka
Urzędowo w takt precyzji
Uznano za bardzo ważne
Pokazano w telewizji.

Rozpisały się gazety
W telewizyjnych kanałach
Ogólnie na całym świecie
Sprawa rozgłosu nabrała.

Widać w górze tyle rąk
Bo to prezydencki bąk
Ale każdy gest zrozumie
Wciąga w nozdrza przy zadumie.

Dawne wierzenia

Dawno temu liczne ludy
Wierzyły że zdarzają się cuda
Ktoś z kosmosu się pojawił

I pomnik dla siebie wystawił.

Wszyscy wniebowzięci wielce
Przynosili tłuste cielce
Dziwne mikstury w menażce
A co bogatsi po flaszce.

Nic tam się nie zmarnowało
Bóstwo długo świętowało
Po północy cielęcinę
Przepijano słodkim winem.

Części prawdy

Całej prawdy tylko części
Weselej jest jak się szczęści
Ale kiedyś na nieszczęście
Zamieniono jaja gęsi.

W sądzie zeznawała kura
Podejrzewała koguta gbura
A może to tylko pozory
Kogut z gęsią i amory.

A prawdy jest inny przydział
Ktoś to ponoć trzeci widział
I już z samego rana
Była to sprawka bociana.

Awans

Nie do wiary ale wyszło
Układają się plany na przyszłość
Konik wnioski wyciągnął

Pługa dalej nie będzie ciągnął.

Rolnik został poniżony
Ale z biedą się uporał
Niebawem nabył traktorek
I schedę wkrótce zaorał.

Konik na unijnej premii
Wkrótce dogadał się z osłem
Nauczył się porżywać po ludzku
Awansował został posłem.

Jak zechcesz

Wszystko będzie w swoim czasie
Jak zechcesz to będziesz to miał
Ale pod jednym warunkiem
Bardzo będziesz tego chciał.

Nic ci nie da że zapłaczesz
Być może będziesz kłaniał się nisko
Zanim nabędziesz odrzutowiec
Najpierw kup sobie lotnisko.

Kupił samolot i lotnisko
Nie miał umiaru w podziwie
Z braku czasu własnych chęci
Zapomina o paliwie.

Bez myślenia

Mózg otrzymał bez pieniędzy
Coś mu szepcze człeku zrozum
Co ci po jakimś tam mózgu

Lepiej staraj się o rozum.

Myślał lecz w odwrotną stronę
A może się tylko zdawało
Wszystko na jedno kopyto
Myślenie się posypało.

Tyle szumu myśli w mózgu
Wkurzył się zlał tyłek rózgą
Śpi od teraz na stojąco
Bez myślenia na gorąco.

Ludziki

Najpierw powstawały gady
Troszkę później ludojady
Następnie słonie indyki koniki
Na samym końcu ludziki.

Takie małe i dwunogie
Wychodziły licznie z lasu
Walczą ze sobą od wieków
Nie myślą bo brak im czasu.

A najgorsze w pewnej chwili
Ludzie atom wymyślili
Jak na Ziemię bomby rzucą
Wtedy dinozaury powrócą.

Gehenna

Telewizja grzmi w najlepsze
Pewna firma zakupiła powietrze
I niebawem gehenna się zacznie

Oddychasz ale płacisz prywatnie.

Od teraz rozkosznie nie westchniesz
Namierzą nie zapłaciłeś zdechniesz
Zakręcony zawór i z głowy
Szpadelek i dołek gotowy.

Hałas rwetes skomlenia pokłony
Napełniane powietrzem balony
A na płucach pęcherze powietrzne
Tylko patrzeć jak ten system pieprznie.

Naprawdę

Trudno dziś ogarnąć wszystko
Od śmiechu do płaczu blisko
Taki ktoś chciał się popisać
I aresztował mrowisko.

Naprawdę się tak stało uwierzcie
2 biliony mrówek w areszcie
Za to że mieszkały w lesie
Oj źle to się dzieje na świecie.

Powiewa już flaga żałobna
Każda mrówka sądzona jest z osobna
A wyrok błyskawiczny z przypadku
Czy uzgodniony z Królową Mrówek Matką?

Być sobą

Coś o zdarzeniach warto by wspomnieć
Które fruwają dumnie w kosmosie
I podejmują własne decyzje

Ba! decydują o naszym losie.

A nasze losy komu przypadnie
Co ma się zdarzyć nikt z nas nie zgadnie
Dzisiaj mocny śpiewam kwitnę
Jutro słaby może kipnę.

Skomplikowane to zagadnienia
Zarazem proste i niesłychane
To być człowiekiem z krwi i kości
Kiedyś powrócić w duchowe włości.

Nowe nadzieje

Dzień zawitał z nim nowe nadzieje
Za oknami pochmurno sączy deszczem
Senne marzenia nocne zniknęły
Do zmierzchu tyle chwil pozostało jeszcze.

Rzeczywistość i nowe nadchodzi
Nie wszystkim się tak dobrze powodzi
A kłopotów być może niemało
Chociaż może nieraz gorzej bywało.

W piękny dzień chociaż deszczowy i mglisty
Spełniają się marzenia Pyska rencisty
Który dzieli się swoimi myślami
I rozmawia się ze swoimi wiewiórkami.

Dzikie prawa

Co niektórzy popis dają
Że aż ręce opadają
Nowe rządy w pewnym państwie

Dzikie prawa ustalają.

Pogwałcenie Prawa Kobiet
Jest haniebne i krzywdzące
Teraz szatan się ujawnia
I podpowiada rządzącym.

Ludzie z prawdą się nie liczą
Znieczulica jest na czasie
Ktoś na górze laury zbiera
A ciemnota to popiera.

Ku chwale

Czas przemija i dlatego
Ku chwale siebie samego
Gryzie jabłko i popija wodą
I cieszy się duszą młodą.

Nikomu nie robi łaski
Nie musi używać laski
Za duchowe zdrowie pije
Trzyma fason i nie tyje.

Patrzy na świat teraz inaczej
Śmieje się nigdy nie płacze
Nie żałuje że się kiedyś urodził
I prawdy życiowej dochodził.

Naga prawda

Ktoś z Ja swoim się mocował
Własną pamięć rozrysował
Nawet przyszłość przepowiedział

I nagle się czegoś dowiedział.

Że się nie urodził jeszcze
Gorzej bo mieszka pod mostem
Nieubrany bosy głodny
I na te czasy niemodny.

Jak odwrócić etap losu
Z powrotem wejść do kosmosu
I urodzić się naprawdę
Żeby poznać życia prawdę.

Zemsta Zeusa

Zdarzenie do głębi porusza
Policjant z powodu wirusa
Zatrzymał przy wejściu do knajpy
Samego boga Zeusa.

Zeus wezwał z góry moce
Użył czarodziejskiej laski
Zemścił się na owej knajpie
Wyrwał z baru młode laski.

Gorzej knajpa jest zamknięta
Cała obsługa wyklęta
Zło się czai na każdym rogu
A w pobliskiej knajpie drogo.

Na uwadze

Czy jeść chudo może tłusto?
Musimy mieć na uwadze
Lepiej dopasować dietę

Żeby zmieścić się na wadze.

A jak kilogramy zbijać
Mięsem wody nie popijać
Ponieważ w przeciwnym razie
Z prawdą możemy się mijać.

Winne

Trwa dyskusja przy browarku
Ktoś jest zaskoczony wielce
I pytanie kto ważniejszy
Pijący czy spirytus w butelce?

Każdy się o tym przekona
Jak skorzysta z tej przynęty
Od wódki to głowa nie boli
Wszystkiemu są winne procenty.

Nasze Dziewczyny

Szanujemy Nasze Dziewczyny
Nieładnie jest byle czym zbywać
Są piękne i takie urocze
Jest grzechem takie prawdy ukrywać.

Bez Kobiet świat nie istnieje
Odważne są i uczuciowe
Kochajmy Nasze Dziewczyny
I ich buziaki różowe.

Przestrzegam

Nie głosować siedzieć cicho

Przestrzegam i bardzo proszę
Egzystujemy w przestrzeni
Nazwanej zwyczajnie kosmosem.

Przypadkiem jakiś żartowniś
Uczony pasibrzuch militarny
Pomyli czerwone z zielonym
I jesteśmy na spalonym.

Dzieje się

Ale się dzieje panocku święty
Naszła moda na prezenty
Na zegarki złote laski
Musisz brać nie robisz łaski.

A się dzieje jeszcze lepiej
Coś takiego w lepszym guście
Koń otrzymał nową grzywę
Przed kościołem na odpuście.

Ktoś taki wkurzony okropnie
Poświęcił szkapę odwrotnie
Jakby tego było mało
Kropidło się zapodziało.

Uwierzyć

Musimy brać to do serca
Potrzebą jest w to uwierzyć
Każdy może nie przypadkiem
Z problemem tym kiedyś zmierzyć.

Jesteś zięciem to zrozumiesz

Żeby mamusi nie wkurzyć
Codziennie kwiaty kupować
A żonie wierności dochować.

Odwiedziny

Przeleciały trzy dzionki i jedna godzinka
Odwiedziny Córeczki Joasi i Tomaszka Synka
Święto Dziękczynienia jesień naokoło
Było bardzo przyjemnie uroczo i wesoło.

Mama Tereska wspaniała kucharka
Upiekła indyka i specjalne ciasteczka
Wineczko polane w kieliszeczki strugą
Spacery po parku ścieżyneczką długą.

Woda

Coś o wodzie
Tak na co dzień
Może dziwne się wydaje
Wody mamy dwa rodzaje.

Woda sucha i mokrawa
Trochę podejrzana sprawa
Najlepiej ku własnej wygodzie
Wykąpać się w suchej wodzie.

Bez powtórki

Czas się nie powtórzy
Czy słonecznie czy pochmurnie
W układzie słonecznym
Na Ziemi Jowiszu na Saturnie.

Czas nie cofnie się do tyłu
Nie będzie już tak jak było
Nie pozostawia chwili nawet ułamka
Rozpadnie się niczym mydlana bańka.

Codzienność

Sumienia przechodzą przez niepokoje
Szarpane niczym struny od gitary
Niepowtarzalnie zanikają czasowo
Mimo hartu miłości i wiary.

Codziennością życia obdarowani
Wdzięczni na swojej drodze losu
Często zachłanni i żądni władzy
Obdarci z własnych sumień nadzy.

Dobrodziej

Z czasem widzimy się na co dzień
Jak z prawdziwym dobrodziejem
Zawdzięczamy mu istnienie
I wszystko co wokół nas się dzieje.

Czas ma wiele do roboty
Stwarza wiele różnych uciech
Należy jednak uważać
By za szybko nam nie uciekł.

Ktoś kto z czasem często igra
I używa sobie gładko
Kto próbuje czas oszukać
Pomylić się może nierzadko.

To się czuje

Wszystkim wiadomo zatem
Że indyk jest mądrym ptakiem
Rodzaju męsko - żeńskiego
A dzisiaj jest święto dlatego.

Jest fajnie i wszystko pasuje
Radości na buźkach maluje
I wino dzisiaj lepiej smakuje
To się widzi słyszy i czuje.

A tak to na dobrą sprawę
To święto indycze jest dziwne
A zdania prawdziwe w temacie
Zdarzają się zgoła przeciwne.

Coś takiego

Czy ktoś spotkał się z czymś takim
Twierdzeniem że indyk jest ptakiem
I to rodzajem męskim
Odpornym na wszelkie klęski.

A zatem co z tego wynika
Dlatego jest Święto Indyka
Dla ludzi jest wielką uciechą
Lecz czy indykowi do śmiechu?

Jak indyk się czuje na ruszcie
Zajęty ogniem po łokcie
Dziwne to Święto Indyka
Poniekąd to polityka.

Święto Indyka

Na Święto Indyka
Indyk się rozbrykał
Robi dziwne miny
Spadł nagle z drabiny.

Ale to nie koniec
Co z tego wynika
Wino zaszumiało
Wszedł do piekarnika.

Co się dalej stało?
I o to się boję
Usmażył dwa jaja
Szkoda ale swoje.

Fortel

Indyk zaczaił się na kurę
Tak jak nakazał mu koń
Jak tylko się kura pojawi
Natychmiast do mnie dzwoń.

Nie udał się indyczy fortel
Kurczęta zwinęły mu portfel
Jeszcze gorzej od niechcenia
Postradał się indyk grzebienia.

Indyk pieczony lica mu blednią
Dech się ulotnił wszystko mu jedno
We własne święto tyle obciachu
W chwale i strachu.

W kosmosie

A w kosmosie luz jak zwykle
Słońce świeci gwiazdy błyszczą
Kosmici fruwają beztrosko
Wygląda to fajnie i bosko.

A gdyby ot tak zwyczajnie
Odłożyć tak trochę kasy
I wykupić chociaż na tydzień
Na księżycu zwykłe wczasy.

Dobrze wszystko się składało
Wtem paliwo podrożało
Do tego kredytu procenty
Zrezygnuję szkoda renty.

Najlepsze

Jak urodzić się tygrysem
A urodę mieć po Babci
I najlepiej agresywnym
Nigdy nie zakładać kapci.

Być tygrysem nigdy dziwnym
Wesołym miłym troskliwym
A broń Boże ludojadem
Przesyconym zwykłym jadem.

A najlepsze to jest to
Więc załatwić miejsce w Zoo
I uprawiać w Z00 disco
O wściekłym tygrysie już wszystko.

Będzie lepiej

Nikt tej prawdy nie odkryje
Twierdzę prosto i uczciwie
Urodziłem się człowiekiem
Udzielam się pozytywnie.

Nie miałem żadnego wyboru
Chyba tak musiało być
Nie wiem co dalej będzie
Jak długo będę mógł żyć.

Kłopotów na co dzień mam sporo
Ale tym się nie przejmuje
Kto wierzy że będzie lepiej
Nigdy tego nie żałuje.

Zamiana

Wąż zamienił się na ogon z kaczką
Zwyczajną typową sprzątaczką
Która bardzo mądra była
Na zamianę się zgodziła.

Któż zyskał na tej zamianie?
Wąż zdechł bez ogona niebawem
A żeby zakończyć tę sprawę
Kaczuszka baluje nad stawem.

Swoją drogą ktoś tu przegrał
A trafiło to na żmiję
Jak się później okazało
Wąż samogon wlewał w szyję.

Samo życie

Zboże samo się nie sieje
Ziemniak z pola się nie zbiera
Człowiek gdy się nie urodził
Z reguły też nie umiera.

A więc coś się za tym kryje
Samo życie i fantazje
Wykorzystuj każde chwile
Sam ze sobą się pocałuj
W tej chwili jak masz okazję.

A okazja jak dobrodziej
Bywa że trafia się co dzień
W niedzielę i roczne święta
Warto by o tym pamiętać.

Kózki

W poranek o samym brzasku
Kózki udały się do lasku
A sprawa to była nagląca
Odwiedziły chorego zająca.

Mleczko kozie mu zaparzyły
W liść kapusty z miodu pączka
Zajączek macha łapkami
Ustąpiła mu gorączka.

To mądre kózki sprawiły
I zajączka wyleczyły
Nie podziękował bo nie miał czasu

Uciekł do lasu.

Struny

Struny uciekły z gitary
Do niczego to podobne
Grał na nich chłopina stary
Do tego melodie żałobne.

I miały rację że zwiały
Co patrzeć na starego przytyki
Być całe lata szarpanym
To lepiej nie słuchać muzyki.

Chłop z żalu dostał zajoba
A ponoć to ciężka choroba
I gra od tej pory na nerwach
W bardzo krótkich przerwach.

Próby

Od różnicy odjąć sumę
Coś w działaniach można zmienić
Ktoś próbuje bardzo często
Na rozumy się zamienić.

Życie jest skomplikowane
Skazane na próby i gierki
Dobro ciągle ze złem walczy
Stąd problemy i rozterki.

Ktoś się śmieje z czego nie wie
Inny się udziela w gniewie
Komuś jest potrzebny dozór

Najkorzystniej mieć swój rozum.

Plany

Wakacje planował gość
Który miał już wszystkiego dość
Rannego wstawania do pracy
Mycia i czyszczenia glacy.

A wakacje nie próżnują
Na koncie same zielone
Problem w tym gdzie jest najfajniej
W tą się trzeba udać stronę.

Chciał wypocząć a tak ma
Przeszkodziło w tym duże "A"
Wybrał Afrykę a za tym idzie
"A"wylądował na Antarktydzie.

Rozsądek zawsze może się przydać
Minus pięćdziesiąt plaży nie widać
Ani tawerny czy pekaesu
Wszystko z winy dżipiesu.

Pomnożyć zyski

Jak pomnożyć własne dobra
Uzyskać pokaźną fortunę
A więc trzeba się wykazać
Zaradnością i rozumem.

A po prawdzie to problem tkwi w tym
Chwalić się jak nie ma czym
I o najważniejszym pamiętać

To nauczyć się oszczędzać.

Od grosika do grosika
To po troszku się uzbiera
Za jakieś lat dwa tysiące
                    Powitamy milionera.

Niejasności

Łańcuch niejasności pęka
Lecz nie wszystko się wydało
Tworzymy wciąż nowe lęki
Jakby tego było mało.

Coś co jest kojarzone ze strachem
Często wiąże się z obciachem
W prasie niewidoczną sprzeczką
Prawda ale nad poprzeczką.

Lęk strach i problemy z mową
Dziwna przestrzeń takich planów
Niestety dostrzegane nie w porę
Sprawia że coś staje się chore.

Czekanie

Ktoś kto wymyślił czekanie
A dotąd to nie nowina
Musiał być tak niecierpliwy
Czy aby to jego jest wina.

Wydarzenia związane z czekania
Zależy już tylko od czasu
Idziemy przez życie w ciemno

Przyszłości jaśnieją i bledną.

A na co tak czekamy naprawdę?
Pochłonięci sprawami trosk codziennych
Na coś co się w czasie opłaci
Byleby zyskać nie stracić.

Nowy Rok 2022

Czas jak zwykle nie próżnuje
Udziela się z każdą godziną
Nie pyta nikogo o zgodę
Tak 2021 Roczek przeminął.

Nowy Rok 2022 nastał właśnie
A na dobre się zanosi
Obudzi w nas nadzieję i miłość
I wiarę co góry przenosi.

W Nowym 2022 Roku będzie raźniej
Rozkwitną nowe przyjaźnie
Radości i wytrwałości
W zdrowiu szczęściu i wolności.

Spór o piekło

Piekło kojarzone z ogniem
To nieprawda zwykła ściema
Zostało udowodnione
Że w piekle płomieni nie ma.

Spór o prawdę trwał przez wieki
Przypuszczenia i przecieki
Przypadkiem dwie dusze wywiało

I wszystko się w końcu wydało.

W piekle czas nie obowiązuje
Dusze tyrają bez przerwy
Nie ma śniadań obiadów kolacji
Odpoczynku i wakacji.

A co jest sprawą ciekawą
Obce jest w piekle duchowe prawo
Rozrywka płacze alkohole i taca
Ciągle praca praca praca i praca.

Spis treści

Myśli w czasie

Myśli w czasie

Myśli w czasie

Myśli w czasie

Myśli w czasie

Myśli w czasie

Myśli w czasie

Myśli w czasie